中国基金投资者获得感洞察报告

2022

中国证券报 编

新华出版社

图书在版编目（CIP）数据

中国基金投资者获得感洞察报告. 2022年 / 中国证券报编. —北京：新华出版社，2022.12
ISBN 978-7-5166-6691-3

Ⅰ. ①中… Ⅱ. ①中… Ⅲ. ①基金—投资—研究报告—中国—2022 Ⅳ. ①F832.51

中国版本图书馆CIP数据核字（2022）第255025号

中国基金投资者获得感洞察报告. 2022年

编　　　者：中国证券报	
出 版 人：匡乐成	出版统筹：许　新
责任编辑：徐　光　刘宏森	装帧设计：李尘工作室

出版发行：新华出版社
地　　址：北京石景山区京原路 8 号　　邮　　编：100040
网　　址：http：//www.xinhuapub.com　　http：//press.xinhuanet.com
经　　销：新华书店
购书热线：010-63077122　　中国新闻书店购书热线：010-63072012
照　　排：李尘工作室
印　　刷：河北鑫兆源印刷有限公司
成品尺寸：170mm×240mm
印　　张：11.75　　字　　数：173千字
版　　次：2023年3月第一版　　印　　次：2023年3月第一次印刷
书　　号：ISBN 978-7-5166-6691-3
定　　价：78.00元

图书如有印装问题，请与出版社联系调换：010-63077101

序 一

坚守持有人利益至上初心
不断提升投资者获得感

中国证券投资基金业协会

中国证券报组织编写的《中国基金投资者获得感洞察报告（2022）》即将付梓。在行业迈入高质量发展阶段的关键之年，这本书犹如一场"及时雨"，既深刻剖析了基金行业在满足投资者获得感中的短板和不足，又展现了一些机构对提升投资者获得感的积极探索和尝试，更描绘出基金行业发展与投资者利益共进步、同提升的美好蓝图。

从1998年国内首家基金公司成立至今，公募基金行业已走过24载。截至2022年7月底，公募基金规模首次突破27万亿元，基金数量突破1万只。走过高速发展的24年，公募基金不再高不可攀，而是"飞入寻常百姓家"，成为老百姓"生活费""养老钱"的重要管理者。截至2021年底，我国基金投资者数量超过5.4亿。

习近平总书记在《扎实推进共同富裕》重要文章中指出，要增加城乡居民住房、农村土地、金融资产等各类财产性收入。党的二十大报告提出，中国式现代化是人口规模巨大的现代化，是全体人民共同富裕的现代化。作为普惠金融的代表，公募基金业承载着帮助亿万投资者实现财富保值增值的重任，基金行业要准确把握行业的政治性人民性，心怀"国之大者"，在促进创新资本形成、提高直接融资比重、畅通科技资本产业循环、实现共同富裕等方面发挥更大作用。

提高投资者获得感，投资者教育任重道远。近年来，公募基金行业在投资者教育方面投入了大量人力、财力、物力，也在投资者教育的平台、内容和形式等方面进行了积极的创新和探索，取得了一定的效果。但我国基金投资者数量众多、受教育程度不均衡、对净值化产品了解较少均给投教工作的开展带来一定挑战。投资者教育是个"苦活累活"，投入大、耗时久、见效慢，但"润物细无声"，其重要性却不言而喻。在投资者教育这件事上，各家机构必须将眼光放长远，有勇气做难而正确的事，终有一天，千千万万的基金投资者会与基金行业的快速发展同频共振。

中国证券报作为权威的证券媒体，始终秉承着"做可信赖的投资顾问"的宗旨，高度重视投资者教育工作，积极发挥主流媒体品牌影响力、预期引导力、价值挖掘力、舆论监督力，与基金业风雨共济，同向同行。此次与具有行业责任感的十多家基金公司、券商机构共同编撰的《中国基金投资者获得感洞察报告（2022）》，通过洞察海量投资者画像，建立提升投资者获得感清晰可比的定量研究框架，进一步指导基金管理人和销售机构的投教和客户陪伴服务，改善投资者行为偏差，提升投资体验，多家机构的投资者教育以及投顾创新案例对行业而言具有很高的参考价值。他们的系统梳理与慷慨分享对促进行业高质量发展、提升投资者获得感是一次非常有意义的尝试和探索。

雄关漫道，初心如磐，是为序。

序 二

携手同心
提升基金投资者获得感

中国证券报有限责任公司党委书记、董事长、总编辑　徐寿松

治国有常，利民为本。习近平总书记在党的二十大报告中指出，"探索多种渠道增加中低收入群众要素收入，多渠道增加城乡居民财产性收入。"公募基金作为普惠金融的重要形式，肩负着为城乡居民创造财产性收入的使命。

近年来，如何提升基民获得感成为行业广泛关注的一项重要课题。一方面是公募基金长期业绩可圈可点，另一方面基金持有人的投资收益远远低于基金净值增长率，甚至有不少基金持有人处于亏损状态。如何破解"基金赚钱基民不赚钱"这一难题，有效提升基民获得感，需要行业各方共同努力。

作为一家深耕资本市场三十年的权威财经媒体，中国证券报发挥自己的影响力、引导力和传播力，为这一难题的破解贡献一份自己的力量，实属义不容辞。在中国证券投资基金业协会指导下，中证报组织多家基金、券商编写《中国基金投资者获得感洞察报告（2022）》（以下简称"报告"），正是基于这一初衷。

"基金赚钱基民不赚钱"这一难题，成因复杂，涉及面广。既有基金产品业绩波动大，持有体验差，从而导致投资者拿不牢拿不住的原因；也有部分基金公司,过于追求规模,市场高位发行了大量产品的原因;也有基金销售渠道"重首发、轻持营",导致很多投资者频繁赎旧买新的原因;还有部分投资者缺乏对基金投资的基本认知,存在追涨杀跌等不良投资习惯的原因。

因此,破解这一难题要多措并举、因症施药。

从市场主体的层面看,要引导基金管理人与基金销售机构牢固树立以投资者利益为核心的营销理念,鼓励他们践行"逆向销售",积极拓展持续营销,创新投资者陪伴方式。

从产品的层面看,积极发展基金投顾、FOF等业务,发挥专业机构作用,为投资者进行合理的资产配置,力争实现波动低一点、收益高一点,以更优的风险/收益比提升投资者的盈利体验。

从基金投资者的层面看,则需进一步深化投资者教育工作,帮助投资者正确认识市场,树立正确的投资理念,掌握正确的投资方式,了解各类产品的风险收益特征,以正确的方法参与资本市场。

如何提升基民获得感,中证报一直在积极行动。

中证报高度重视投资者教育工作,一方面加强投资者教育平台的建设,打造以中证金牛座APP为核心,集资讯、数据、求证、直播、路演五位一体的开放式视频发布直播平台,另一方面积极探索投教内容与形式的创新,先后打造了"金牛投教V讲堂""中证财富夜读""中证漫财经"等投教品牌栏目,通过文字、漫画、音频、视频、直播、动画等多种形式的融媒产品,满足不同年龄、收入的基金投资者群体的差异化需求。

中证报充分发挥基金评价对行业的引导作用。在第十九届中国基金业金牛奖评选中,增设了"金牛卓越回报奖",重点考察基金管理公司给基民带来的实际收益情况,鼓励基金公司为提升基民实际收益作出更多努力。同时,在基金产品的评选中,增设了相应的参评资格条件,以约束基金经理跳槽频繁、部分基金换手率偏高等行为。

同时,中证报联合多家有行业责任感的基金、券商积极开展基民获得感方面的研究。

2021年,中国证券报联合景顺长城、富国基金、交银施罗德三家基金公司展开一项大型研究，统计分析三家基金公司旗下 4682 万主动权益类基金客户的账户共计 5.65 亿笔交易记录数据，并于当年 10 月推出《公募权益类基金投资者盈利洞察报告》，尝试从基金产品与基民行为两个维度去挖掘影响投资者盈利体验的深层次原因。基于真实客户数据的洞察报告一经发布，即在行业内引发广泛关注和讨论。

本次中证报组织编写报告，是为了进一步深化基民获得感研究。在基金投顾方面，报告一方面结合内部数据对投资者进行了画像分析和行为分析，另一面从"投"和"顾"两个方面，对投顾业务如何运作进行了全面介绍。在投资者教育方面，报告梳理了基金投教发展及现状，分析了基金投教对于基金投资行为的影响，并提出了提升基金投教工作的思考与建议。而基金投资者盈利状况研究方面，在 2021《公募权益类基金投资者盈利洞察报告》的基础上，报告吸收了更多基金公司参与，并结合了海通证券在基民获得感方面较长时间的研究积累，虽然报告只反映了这项研究的初步成果，但我们期望，随着这项研究的不断深入，最终能为"基民获得感"构建更加清晰、透明、可比的指标体系与研究框架，为全行业更充分地运用海量客户数据、更科学高效地开展基民盈利分析工作提供有效的工具包。这是一项对行业极具价值的基础性工作。

最后，感谢中国证券投资基金业协会的指导，感谢参与本报告编写的券商、基金同仁的辛勤工作，希望我们携手同心，继续为提升基金投资者获得感而努力奋斗！

《中国基金投资者获得感洞察报告（2022）》编委会

主　任：徐寿松

主　编：丁坚铭　蔡国兆

副主编：王　军　刘向红

编　辑：侯志红　徐　昭
　　　　叶斯琦　董凤斌

目 录

序一　坚守持有人利益至上初心　不断提升投资者获得感…………… I

序二　携手同心　提升基金投资者获得感…………………………… III

概 述

投资者获得感，行业行稳致远的基石……………………………… 2
 一、提高投资者获得感的重要意义 …………………………… 2
 二、投资者获得感的评价 ……………………………………… 9
 三、如何提升投资者获得感 …………………………………… 12

基民投资盈利篇

基民真实投资收益计算方法与增益系数…………………………… 29
 一、基民投资收益的计算方法 ………………………………… 31
 二、基于内部收益率计算的基民投资收益 …………………… 41
 三、基民增益系数 ……………………………………………… 46

《 基金投顾篇 》

引言		58
第一章	投资者画像分析	59
	一、投资者的性别、年龄、地域分布	59
	二、平均持仓时长：投顾用户更偏向长期投资	63
	三、平均持仓规模：提升空间未来可期	64
	四、投资经验分布：投顾用户更"老到"	65
	五、投资者持有基金数量：投顾用户更"多情"	67
第二章	投资者行为分析	69
	一、用户分层扫描：基金投顾为不同的用户带来了什么？	69
	二、投资者数据关联视角：什么决定了投顾用户的盈亏？	77
第三章	投顾机构的投研力量	85
	一、外引与内建：投研团队构建差异	85
	二、从建库到下单：投顾策略实施流程	86
	三、"以顾定投"的资产配置法则	87
	四、选基不易：投顾持仓法则	89
	五、基金投顾演化升级之策	91
第四章	投顾机构的顾问温度	94
	一、顾问服务流程全扫描	94
	二、金融科技助力投资者个性化需求	96
	三、考核指挥棒加持顾问端	97
	四、建设客户"心理账户"	98
	五、投顾机构携手大V	99

第五章　基金投顾大有可为 ... 101
一、长路漫漫直面挑战 ... 101
二、中美投顾市场发展历程 ... 104
三、基金投顾未来可期 ... 105

《基金投教篇》

第一章　基金投资者教育发展及现状 ... 120
一、基金投资者教育工作的背景 ... 121
二、基金投资者教育工作的意义 ... 122
三、公募基金投资者教育现状 ... 123
四、基金投教内容与形式 ... 126

第二章　投教对于基金投资行为的影响 ... 133
一、基金投资者画像 ... 133
二、影响投资者盈利的"投资行为" ... 136
三、投教对基金决策行为的影响 ... 141

第三章　提升基金投教工作的思考与建议 ... 146

第四章　基金投资者教育部分案例点评 ... 151
一、《公募权益类基金投资者盈利洞察报告》：用数据说话 ... 151
二、《博时小剧场》：基金投教融入微电影 ... 152
三、《好奇心营地》：深度投研趣味化 ... 154
四、《牛欧欧打卡红山动物园》：创新投教"玩"法 ... 155
五、《秒懂基金》：趣味动画指数投教 ... 156
六、《周五万事屋》：系列化手绘指数科普 ... 157

七、《心动的投资》：让投教更年轻化 ········· 159

八、《博时FM》系列音频：深度场景的深度学习 ········· 160

九、"嘉实微笑定投"：全链条专项服务 ········· 161

十、《牛欧欧的光阴故事》：与投资者共创投教内容 ········· 163

十一、《基金小蓝车》：行动的投资补给站 ········· 164

十二、《和你在一起》：认识你的基金经理 ········· 165

十三、嘉实基金抖音号：从冷启动到精细运营 ········· 167

十四、华夏基金定投团：让基金经理长期陪伴客户 ········· 168

十五、《华夏基金之不辩不明》：让投资问题"越辩越明" ········· 171

概 述

投资者获得感，行业行稳致远的基石

高道德　倪韵婷　徐燕红

我国公募基金行业起步于 1998 年，经过 20 多年发展，基金产品数量已超过 1 万只，总资产规模增长到 27 万亿元，基金管理人增加到 154 家（到 2022 年 8 月底），基金持有人户数增长超 7 亿户。公募基金行业日益成为资本市场的重要机构投资者和居民财富管理的重要依托。

在公募基金行业蓬勃发展的同时，"基金赚钱，基民不赚钱"的现象不时发生，这其中固然有投资者自身的因素，也有行业自身发展观和经营观的问题。证监会对此十分关注，2022 年 4 月 26 日发布的《关于加快推进公募基金行业高质量发展的意见》，明确指出要坚持以投资者利益为核心，着力提高投资者获得感，切实做到行业发展与投资者利益同提升、共进步。

一、提高投资者获得感的重要意义

（一）与共同富裕目标的一致性

党的十八大以来，中国特色社会主义进入新时代，内外部的发展环境发生了深刻的变化，面临许多新的重大理论和实践问题，其中之一就是要正确认识和把握实现共同富裕的时代内涵和战略部署。对此，习近平总书记多次提出要求、作出部署，把促进全体人民共同富裕摆在更加重要的位置。

党的十九大报告将新时代定位为决胜全面建成小康社会、进而全面建设社会主义现代化强国的时代，是全国各族人民团结奋斗、不断创造美好生活、逐步实现全体人民共同富裕的时代。这是我们党首次将"共同富裕"由社会主义本质外化为具体奋斗目标，并安排了实践的进度表和路线图，且作为衡量中国特色社会主义发展的重要指标。

党的二十大报告进一步指出："高质量发展是全面建设社会主义现代化国家的首要任务。"新征程上要牢牢抓住发展这个党执政兴国的第一要务，始终坚持以人民为中心的发展思想，着力解决发展不平衡不充分的问题，在实现经济社会高质量发展过程中，扎实推进全体人民共同富裕。现在，我国已进入扎实推进共同富裕的新发展阶段。实现第二个百年奋斗目标全面建设社会主义现代化国家的新征程，必将更加扎实地推动全体人民共同富裕取得更为明显的实质性进展，更高水平地建设公平正义社会。新征程上要深刻把握"两个确立"的决定性意义，坚决做到"两个维护"，在实现第二个百年奋斗目标的伟大进程中扎实推进全体人民共同富裕，使共同富裕这一社会主义本质要求和中国式现代化重要特征得以更加鲜明的彰显，取得更为明显的实质进展。

在全国上下扎实推进共同富裕的背景下，作为中国资产管理最重要的行业之一，公募基金理应把提升投资者获得感作为高质量发展的关键目标与核心要义，脚踏实地地践行普惠金融，维护资本市场的发展稳定。

（二）有助于长期支持实体经济

通过上市公司财报公布的前十大股东和部分机构披露的持股数据，我们推算了截至 2021 年年末的 A 股投资者持股分布情况：自由流通市值口径下 A 股中散户占比约 36.1%，机构投资者占比约 37.8%，剩余的投资者为一般法人（产业资本）19.3% 和自然人大股东 5.3% 等。从机构投资者的持仓占比来看，公募基金的持仓最高，根据公开数据，A 股持仓市值的占比约为 8.58%，且逐年走高。由此可见，公募基金在资本市场的定价机制中扮演了举足轻重的角色。

公募基金的上游是投资者，下游是被投资企业，其作为一道桥梁，在实现居民财富成长的同时，有力支持着实体经济的发展。主要体现在以下几个方面：

1. 公募基金的一个优势是深入研究，这有助于资本市场的价值发现，更好的发挥二级市场的资源配置功能，引导更多的金融资源流向实体经济中具备增长潜力的方向，为企业发展提供资金支持，助力优质公司做大做强。

2. 公募基金可以结合自身的专业优势，帮助上市公司提升公司治理水平。如，发挥信息监督作用，提升上市公司信息披露质量和降低信息不对称程度；积极使用投票表决权帮助公司完善重大决策机制，为上市公司的规范运作提供专业化的建议等。

3. 公募基金有助于引导金融资源聚焦国家重大发展战略方向。公募基金积极参与行业创新实践，发行了投资北交所、科创板、创业板等领域的主题基金，助力多层次资本市场建设，让符合国家战略方向的产业和企业获得更有效的资金供给。

总体来看，在二级市场的投资中，公募基金汇集公众资金，通过专业化的投资组合获取收益，完成资金到资本的转换。在这一过程中，如果投资者获得感得到提升，公募基金就能获得长期稳定的资金，相应的对基金经理的考核周期也能拉的更长，基金经理的投资行为会更理性、更长期化。这不仅有助于为实体经济的发展注入稳定的长期资金，也使投资者的资金变成一种长期的资本，参与到最有前途和最符合国家长期发展的经济领域中去，从而助力国家经济的长期发展，并在资本市场上获得长期回报。

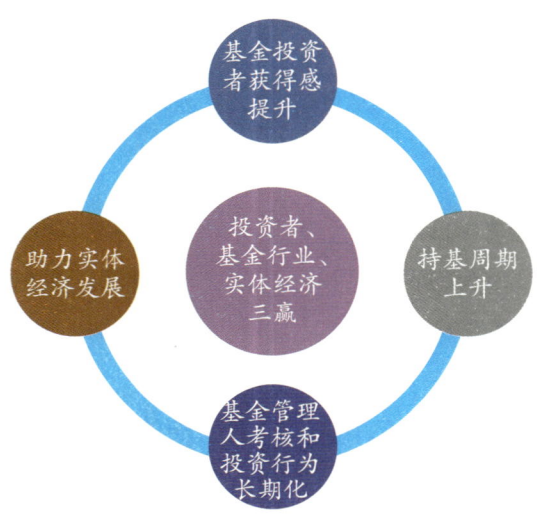

图 1　投资者获得感与实体经济的关系

资料来源：海通证券研究所

（三）更好发挥第三支柱的作用

基金投资者的获得感提升有助于拉长对基金的投资周期，实现行业发展的正向循环，而养老金又是长期资金的一个非常重要的来源。

中国养老保障体系由三个支柱构成。第一支柱为基本养老保险，主要包括城镇企业职工基本养老保险和城乡居民基本养老保险。第二支柱为企事业单位建立的企业年金和职业年金。第三支柱为个人储蓄性养老保险，包括个人储蓄和商业保险等。

根据《2021年度人力资源和社会保障事业发展统计公报》，截至2021年底，我国参加基本养老保险人数10.29亿人。虽然第一支柱基本实现全覆盖，但总体保障水平相对有限。11.75万户企业建立了企业年金，参加职工2875万人。第二支柱企（职）业年金，覆盖面仍然较窄，只能满足小部分群体的养老需求。截至2021年底，我国养老金结余占GDP比重约为12%，其中第一支柱占比约为67%，第二支柱占比约为32%，第三支柱占比极低，不足1%，发展严重不均衡。我国迫切需要加快补足第三支柱个人商业养老这一短板。

与美国相比，我国养老金市场的结构性差距就更大。美国养老产业中社会基础保障、雇主发起式养老金计划和个人养老金账户是美国人退休保障体系的"三大支柱"。同时，美国居民的自有住房和其他资产也是养老计划的重要组成部分，同"三大支柱"一起，构成了美国的养老体系。二十世纪七十年代，美国政府通过税收优惠方案，先后推出了个人储蓄养老保险（IRAs账户）和雇主养老金计划（包括DB型企业年金和DC型企业年金）。根据ICI数据，截至2021年末，美国第二支柱的规模为22.8万亿美元，占比高达58%。第三支柱主要为个人退休金账户（IRAs）在2021年的规模为13.69万亿美元，占比达35%。从美国养老金的投资分布情况来看，其对于共同基金的参与非常积极。截止2021年底，58%的DC型计划和45%的IRA资产均投资于共同基金，共计12.6万亿美元，占美国共同基金39.4万亿美元的32%。可见，第三支柱在美国的养老市场上发挥了重要的作用，且共同基金是非常重要的投资标的。

为了养老体系具备更好的可持续性，第二支柱、第三支柱在我国占比进一步提升是大势所趋。2022年4月，国务院办公厅发布了《关于推动个人养老金发展的意见》，这标志着我国养老第三支柱的顶层设计终于落地。2022年6月24日，证监会发布《个人养老金投资公开募集证券投资基金业务管理暂行规定（征求意见稿）》，进一步细化个人养老金投资基金的相关制度安排，2022年11月18日，中国证监会发布首批个人养老金投资基金产品和销售机构名录，包含40家基金管理人的129只养老目标基金以及37家基金销售机构，个人养老金和公募基金的对接工作已经展开。公募基金作为养老资金未来重要的投资方向，需要扮演重要角色，而投资者获得感的提升有助于养老资金长期持续流入，更好发挥第三支柱的作用。

（四）增加投资者持基规模和持仓时长

国内基金投资者的持基时间普遍不长。中国基金业协会2021年11月发布的《全国公募基金市场投资者状况调查报告（2020）》披露，有44%的投资者持有公募基金平均年限不足1年。

投资者的持仓周期和投资者的盈利结果息息相关，无法坚持长期投资，是影响投资者实际收益的重要因素。

根据权益类基金个人投资者的调研数据，单只基金平均持有时间低于半年的受访者中，亏损人数过半，明显高于总体38.6%的亏损概率，而持有半年以上，超过半数都能获得盈利，且持有时间越长盈利人数越多，持有时间越短，亏损幅度也可能越大，平均持有时间少于3个月的受访者中，超过

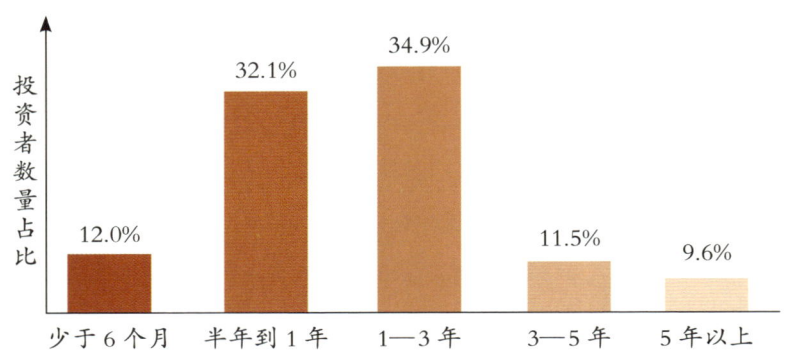

图2　个人投资者持有单只基金平均时间分布

资料来源：《全国公募基金市场投资者状况调查报告（2020）》

21%的人近一年的亏损幅度高于30%。

用基金指数对投资者任意时点买入的盈利可能性进行模拟，基金指数上选择wind基金总指数、股票型基金总指数和混合型基金总指数，计算的时间长度为2004年1月1日至2022年9月30日，投资周期上选择一周、一个月、一个季度、半年、一年、两年和三年。结果显示，随着投资周期的拉长，投资者任意时点买入获得正收益的概率和能够获得的平均收益率都得到了显著的提升。这也进一步证明了投资期限是影响投资者实际收益的重要因素，且投资期限越长，投资者越可能获得较好的收益。

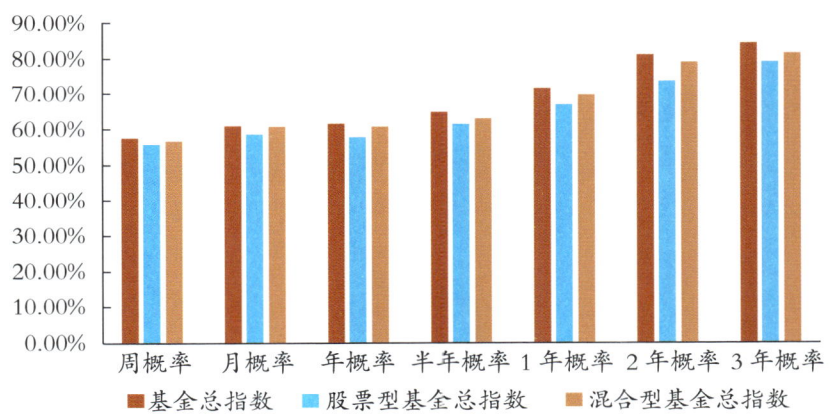

图3 不同周期任意时点买入获得正收益的概率

资料来源：wind，海通证券研究所

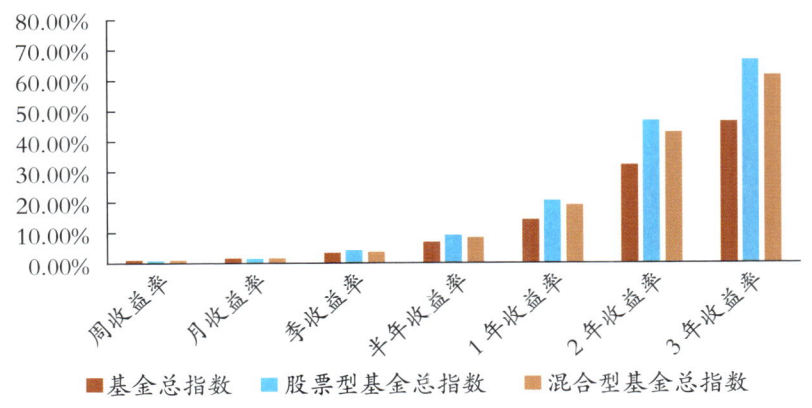

图4 不同周期任意时点买入获得的平均收益率

资料来源：wind，海通证券研究所

盈利的投资者更愿意增加基金的投资规模。调研中，盈利受访者中超过73%的人选择继续追加投入，仅有27%的人选择不再追加，而亏损受访者中愿意继续追加投入的只有47%，而不再追加投入的占比则达到了53%。

此外，盈利越高，追加投入且在资产中占比上升的人数就越多。数据显示，盈利在0—10%区间的投资者，选择追加投入的人数达到了67%，且在整体资产中权益类基金占比上升的比例达到了26%，这两项数值都随着盈利区间的提高而增大，在盈利超过30%的投资者中，追加投资的意愿更强，每4人中就有3人愿意追加投入且在资产中提高权益类基金的占比。

基金投资者的获得感、基金的持基周期和基金投资规模之间是一个正向循环的关系。获得感得到提升，投资者就愿意拉长基金投资周期，并增加投资，基金行业的规模也随之扩大且能获得稳定的长期资金，有助于基金管理人更好地进行投资，提升投资者获得更好盈利水平的概率，进一步提高投资者的获得感，如此循环，实现基金投资者和基金行业的双赢。

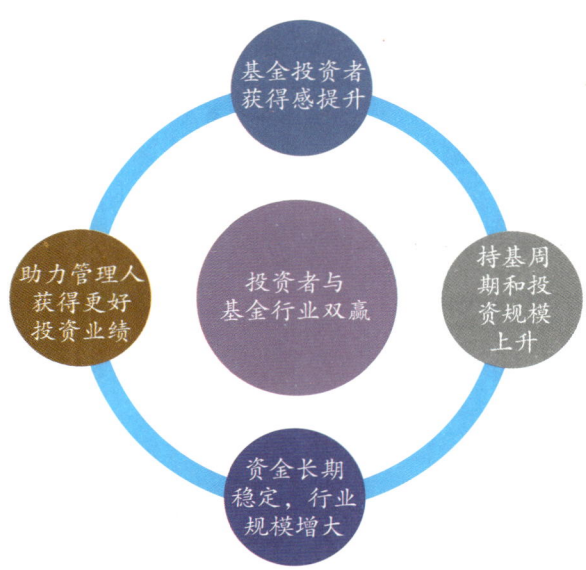

图 5　基金投资者获得感提升带来的正向循环

资料来源：海通证券研究所

二、投资者获得感的评价

（一）简单资金收益率

既然投资者获得感意义重大，那么应该采用哪些指标来刻画呢？

研究发现，赚钱多少直接影响着投资者获得感，赚得多，获得感就好，反之就不好。但是，赚钱的绝对值和投入的本金有关，需进一步引入投资收益相对投入成本的比例，即收益率的概念。我们认为，投资者简单资金收益率（简称为"简单收益率"），能够相对准确地刻画一段较短时间内基金投资者整体的获得感。

一段时间内基金的简单收益率等于期间基金的总收益除以基金投资者的总投入，公式可表达如下：

$$简单收益率\ R = \frac{总收益\ P}{总成本\ C} =$$

$$\frac{期末基金资产净值 - 期初基金资产净值 - 期间净申购额 + 期间总分红}{期初基金资产净值 + 期间总申购额}$$

（二）陪伴和业绩的互相成就

简单资金收益率直观地反映了基金投资者的最终收益相对于投资成本的比例，那么该指标的高低是否可以直接用来评价基金投资者的获得感呢？

要做合理的对比评价，首先应该考虑评价指标中是否隐含了其他因素。成熟的基金业绩评价，并不是简单衡量基金净值收益率的高低，还要考虑波动等风险因素、横向对比风险调整后收益等。同样，简单资金收益率包含了基金投资者的申赎行为和所选基金业绩两部分的影响。

在基金投资者的获得感研究中，我们通过一系列数学演算推导，引入了基金投资者获得感（简单收益率）与基金净值增长率之间的关系系数——陪伴增益系数。陪伴增益系数架起投资者获得感和基金业绩之间的桥梁，是刻画基金投资者陪伴效果的重要指标。陪伴增益系数的引出，从理论角度给出了一个可刻画基金投资者陪伴效果的指标。考察期内无分红的基金在一段时间内的简单资金收益率和净值增长率的关系如下：

$1 +$ 简单资金收益率 $R = (1 +$ 净值增长率 $r) *$

$$\frac{1 + 赎回率 Q_r * \left(\frac{考察期内平均赎回价格 P_r}{期末基金的单位净值 P_T} - 1\right)}{1 + 申购率 Q_s * \left(\frac{考察期内平均申购价格 P_s}{期初基金的单位净值 P_0} - 1\right)}$$

其中，申购率 $Q_s = \dfrac{期间总申购份额 M_s}{期初基金份额 M_0 + 期间总申购份额 M_s}$，

赎回率 $Q_r = \dfrac{期间总赎回份额 M_r}{考察期末基金份额 M_T + 期间总赎回份额 M_r}$

定义 $\dfrac{1 + 赎回率 Q_r * \left(\frac{考察期内平均赎回价格 P_r}{期末基金的单位净值 P_T} - 1\right)}{1 + 申购率 Q_s * \left(\frac{考察期内平均申购价格 P_s}{期初基金的单位净值 P_0} - 1\right)}$ 为无分红的基金陪伴增益系数，则可以得出：

$1 +$ 简单资金收益率 $R =$ 陪伴增益系数 $A * (1 +$ 基金净值增长率 $r)$

即一段时间内基金投资者的获得感（简单收益率），一方面与持有基金的净值增长率有关，另一方面则与对基金投资者的陪伴效果有关。

因此，基金投资者获得感是否高，取决于两部分：一是基金的业绩表现，即基金管理人旗下投研团队的管理能力；二是陪伴增益系数，即基金销售以及服务机构对基金投资者的陪伴和引导效果。

按相似的方法，有分红的基金也可以推导出一个类似的系数。因此无论是否有分红，我们可以将这个系数定义为陪伴增益系数，其计算公式为：

$$陪伴增益系数 A = \frac{1 + 投资者收益率 R}{1 + 净值增长率 r}$$

当然，对于拥有申赎明细数据的基金公司或者是销售渠道，同时兼顾资金的回报率和资金进出资产池的时点的内部收益率是一个更为精准的投资者获得感指标选择。

内部收益率的公式可以写为：$NAV_T = NAV_0 \times (1+R)^{t_T} + \sum_{i=1}^{T-1} C_i \times (1+R)^{t_i}$

其中，R 为年化内部收益率 IRR，NAV_0 为期初基金的资产净值，NAV_T 为期末基金的资产净值，T 是交易日数，t_T 是整个运作期的年份数，C_i 为期间第 i 个交易日的现金流，如果 $C_i > 0$，说明当日投资者净申购该基金，如果 $C_i < 0$，则说明当日投资者净赎回该基金，t_i 是每一笔现金流发生时点距离期末所间隔的年份数。

内部收益率可以通过单利法或是牛顿迭代法算出。此时的陪伴增益系数的计算公式为：

$$陪伴增益系数\ A = \frac{1 - 内部收益率\ IRR}{1 + 净值增长率\ r}$$

陪伴增益系数可以从一个基金推衍到多账户、多产品的计算。在基金投资者的获得感研究中，我们计算了基金公司以及托管机构的陪伴增益系数以及投资者获得感。从结果来看，过去 3 年虽然部分基金公司整体净值增长率并不靠前，但凭借良好的陪伴增益系数，最终提供给投资者的获得感非常高。

在影响投资者获得感的因素中，基金、基金公司的品牌重要性可能被高估了，实际上申赎等陪伴行为对于投资者获得感的影响大于净值增长率的影响，即"管住手可能比选好基金更重要"。

（三）构建投资者服务评判体系

既然陪伴行为如此重要，且已经通过量化方法将投资者的获得感清晰地拆解成业绩和陪伴两部分，因而可以采用刻画服务、投顾和销售机构对投资者陪伴效果的陪伴增益系数为出发点，构建一套科学的评判体系，用以检验相关机构在实践"投资者陪伴"上的好坏？

为此我们分别研究了投资者服务机构对于市场热度的认知、基金经理的认识、产品的认识，以此来衡量投资者服务机构的陪伴效果。

从对市场热度的认知上来看，"低点申购，高点赎回"有助于提升投资者获得感。但现实是，当市场持续上涨时，投资者的申购热情也随之高涨，且大多数权益基金是开放运作模式，出于种种原因，基金管理人往往无法完全暂停基金申购，从而无法完全避免规模的增长。因此，我们以管理人把控度更高的新发基金为评判切入点，将新发基金相比持营基金的陪伴增益系数有无提升，新发基金作为整体是否给投资者提供了正向的简单资金收益率作为评判指标。

从基金经理的认知上来看，每一个基金经理都有自己的特点，对于不同的基金经理，对其管理的产品营销服务模式应该有所不同。基金销售人员在向基金投资者营销产品时，除了要做到在市场低位或者合理的点位加大营销、在市场高位减少营销外，还要做到以下几点：①了解营销产品的基金经理能力圈，包括但不限于基金经理的风格、偏好投资的领域以及基金经理可能投资领域的估值水平，避免在基金经理偏好持有标的的估值水平处于高位时加大营销；②要对基金经理合适的管理规模有清晰的认识，学会"有所不为"。对于估值过高的行业主题类产品，不要高点营销，对于大规模的基金也要注意是否超过基金经理管理能力，在管理者短期收益和投资者的长期利益中有所取舍，努力找到平衡点，提供投资者更好的获得感和陪伴增益系数。

从产品的认知上来看，当某一类基金的市场热度和主要投资品种的估值水平较高时，可以先暂停对其的宣传，加大对主投领域估值较低或相对合理基金的营销力度，通过逆向布局、规避市场估值过高的热点策略，整体角度提升对基民的陪伴效果和自身的陪伴增益系数。

市场热度认知、基金经理认知和产品认知从不同维度提供了投资者获得感的评价视角。通过这些维度，可以对比相同产品在不同渠道中的陪伴增益系数，优选陪伴效果好的渠道在未来进行更多的合作；可以对比不同基金公司新发产品对于投资者陪伴的效果，鼓励效果好的公司在未来新发更多的基金。可以对比渠道内部不同销售人员或是投顾人员对于投资者的陪伴效果，给那些陪伴效果更好的人员更多的资源倾斜等等。从而使得市场整体更为注重做好投资者的陪伴，有效发挥评价的引导作用。

三、如何提升投资者获得感

正因为投资者获得感如此重要，监管机构和基金行业均以提升投资者获得感为努力目标。通过以上研究，我们知道，基金投资者获得感主要来自两个方面：一是与持有基金的净值增长率有关，二是与对基金投资者的陪伴效果有关。因而要提升获得感可以总结为：选好基，管住手。

（一）选好基，改善持基整体体验

目前，多数渠道主推的产品往往是中短期业绩表现抢眼的基金，但事实上，基金经理的变更、市场风格的反转、管理人管理的规模制约都有可能使得这些基金在未来业绩不及预期，从而导致追涨的投资者投资业绩不尽如人意。对于投资者，如何选好基？我们认为以下几点可能有助于改善选基效果。

1. 认清自身需求，匹配合适基金

选基，并不是指要选择收益最高的基金，"只选对的，不选贵的"这句话放在基金投资上同样是真理。事实上，基金的收益和风险往往是对等的，高收益的基金背后也蕴含着高波动。一旦投资者购买了和个人风险收益不匹配的产品，很可能无法忍受高波动等负面因素，导致低点赎回，使得持有体验不佳。

波动本身并不意味着风险，风险是退出时候，相比购入的金额，本金遭受损失。而如果资产本身质地没有问题，购买的价格也是合理的，期间资产价格的上下波动，最终仍能回到高点乃至新高，那么在不卖掉之前，其实都只是波动。但如果投资者本身的风险承受能力无法忍受这种波动，那么期间投资者一旦退出，其实就承担了不必要的风险。因而认清自身需求，选择与自己承受波动能力匹配的产品是投资者能否达到预期目标的重要一环。

2. 普通投资者，借鉴研究资源或是选择专业服务

对于普通投资者，可以借助一些基金研究机构的研究成果，比如评级机构的基金评级、超额收益排行等，现在市场上也有许多基金经理或者基金产品的投资价值分析报告，里面会介绍基金经理的投资理念，更好的理解基金经理。事实上，理解基金经理对于投资者非常重要，基金经理的投资理念、成长背景背后隐含的是基金经理的能力圈。任何一个基金经理都不是全能的，能力圈反映的是适合基金经理的市场环境，比如风格、行业等，其直接表现为基金经理在适合自己的阶段，业绩好，其他阶段业绩不好。明确基金经理的能力圈，对于投资者而言更能清晰选择，也更好理解后续持有过程中，基

金经理业绩的变化原因。

不过，研究成果只是辅助投资者更好的理解持有的基金经理及其管理的基金产品。而面对数量众多的产品，如何选基金其实是一个更专业的事，专业的事情应该交给专业的人做。所以，对于普通投资者，可以借助 FOF 和投顾等专业人员完成后续的选基行为。从最为成熟的美国市场来看，有近八成的投资者通过第三方服务机构进行基金选择。

3. 专业机构，认清基金经理能力圈

何为一只优秀的基金？这个问题因人而异，正如"一千个读者就有一千个哈姆雷特"，预期风险收益不同的人对于优秀基金的理解也不一样，没有办法给出一个普遍意义上的定义。作为专业机构，更多时候是去挖掘那些未来表现和预期确定性较高的产品和基金经理。

基金经理的投资方法论和投资风格相对延续，因而他在历史上各种市场风格下显现的风险收益特征，大概率会在未来类似市场阶段中表现出来。业绩可预期的基金经理包括了能力圈较广的综合型选手以及单领域（行业）中能力较强的基金经理。其中单领域（行业）基金经理需要结合判断是否适合当前市场。

作为专业机构，要基于长期的量化结果分析，结合定性的调研，给出基金经理明确的能力圈划分，同时基于对后市的判断，以及投资者的风险偏好水平，给出合理的组合构建。专业的投资（服务）机构应当作到三点：一是判断市场高估时不鼓励投资者申购，适当降低组合弹性，而在低估时要积极鼓励申购。二是避免配置规模已经超过基金经理能力圈的基金。三是对于行业型产品，估值是一个重要的抓手，同时也需要具备一定的行业和市场前瞻思维。在每一阶段，尽可能推荐主投擅长领域处于估值相对合理位置的基金经理，尽量规避阶段性估值过高的主题产品。

（二）管住手，陪伴提升获得感

除了选基金，申赎行为是导致投资者获得感的另外一个重要影响因素。如何管理好申赎行为呢？我们认为，无论是投资者还是基金销售服务行为，都需要做好陪伴。

1. 基金销售以及服务机构做好投资者陪伴

研究发现，上涨市中，投资者如果选择持基不动，则获得感更高。因为在上涨市中，无论申赎，都可能会错过期初上涨或后期冲高，导致投资者获得感低于基金的净值增长率。而在下跌市场中，数据计算显示，无论申赎均能提升投资者获得感。可能的原因在于在下跌市场中，申赎可能会导致低位加仓摊薄成本或及时止损，使得投资者获得感好于净值增长率。

因此，在牛市中，基金销售以及服务机构要尽量做好投资者陪伴，让投资者管住手，不随便赎回以及追涨，而熊市中则鼓励投资者根据投资目标加仓或是调整结构，有助于提升组合整体收益。

虽然逆势销售是非常困难的事情，但即使是一点点的改善，也能极大的优化投资者的整体持有体验，且从长期来看，基金获得感的提升有助于吸引投资者未来更多资金的配置，对于基金市场意义重大。

其次，对于投顾以及FOF等投资者服务机构，应当在第一次接触投资者时，做好投资者画像，并定期跟踪投资者画像的变化，从而提供契合投资者风险偏好的投顾服务或是FOF产品。无论投顾以及FOF产品，不能简单的以业绩排名来考核，相比业绩，应当赋予投资者的个性化陪伴更为重要的考核权重，比如可以把我们在投资者获得感评价里提出的陪伴增益系数，作为一个对比衡量指标，进行投顾间或是不同渠道间的对比。只有考核合理，FOF和投顾机构才能更为长期地坚持做好投资者陪伴。

2. 投资者做好基金产品、基金经理的陪伴

除了基金销售和服务机构要做好投资者的陪伴，投资者同样要做好基金产品和基金经理的陪伴——这指的是投资者要管住自己的手，不要频繁择时或者切换产品，给予基金经理和产品更长的投资周期。

对于自己选择基金的投资者，如果不知道什么时机投入更为合适，可以采用定投的方式。定投是一种按照一定的规则进行定期投资的方式，有助于改善投资者追涨杀跌的行为。虽然定投本身不能影响高低点择时的行为，但通过淡化择时，避免了追涨行为。

对于通过投顾或是 FOF 配置基金的投资者，也要相信专业的力量，给予所选投顾或 FOF 更长的考核周期。

总之，基金行业经过了二十多载的发展，已经从一个幼儿成长为一个青壮年，站在当下，整个行业已经逐步摆脱了生存压力。从长远来看，投资者是基金管理行业能否持续健康发展的基石，我们认为在现阶段重视提高投资者获得感恰逢其时。中国证券报牵头编撰的《中国基金投资者获得感洞察报告（2022）》展现了公募基金行业投资者获得感的轮廓，并从不同维度对如何提高投资者获得感进行了深入研究，希望能给行业提供一个参考，为改善投资者获得感尽绵薄之力。

（作者单位：海通证券研究所金融产品研究中心）

参考文献

1. ICI：2022 Investment Company Fact Book
2. 海通证券：基金投资者的获得感研究
3. 中国证券投资基金业协会：基金个人投资者投资情况调查问卷分析报告（2018 年度）
4. 中国证券投资基金业协会：全国公募基金市场投资者状况调查报告（2020 年度）
5. 中华人民共和国人力资源和社会保障部：2021 年度人力资源和社会保障事业发展统计公报
6. 中国证券报、景顺长城基金、富国基金、交银施罗德基金：公募权益类基金投资者盈利洞察报告
7. 银华基金：个人基金投资者投资行为白皮书（2021）

基民投资盈利篇

撰写：景顺长城基金、交银施罗德基金、兴证全球基金、上投摩根基金、信达澳亚基金、博道基金

专业指导：海通证券

开篇寄语

康　乐
景顺长城基金总经理

面对不断增长的居民理财需求，如何实现行业自身发展和客户价值增长的同频共振，最终提升投资者获得感是公募行业的长期课题。

对于这个课题，我们在2021年与中国证券报及几家同业机构开展过一次研究，分析客户的真实交易数据，推出《公募权益类基金投资者盈利洞察报告》（下称报告），提出"基民投基收益＝基金损益＋基民行为损益"这一核心结论，并就影响基民损益的关键要素进行分析。

不过，当收到撰写报告2.0的邀约的时候，我们是有一些犹豫的。毕竟，距离报告发布才一年时间，仅仅更新数据或许很难总结出新意。

促使我们下定决心的，是行业各方的声音。

一是监管的呼吁。2022年4月26日，证监会发布《关于加快推进公募基金行业高质量发展的意见》，强调要着力提高投资者获得感，对于基金销售、投顾、投教及陪伴等方面工作提出新要求。

二是投资者的困惑。2021年春节以来，股市遭遇了较大的波动，尤其是进入2022年后，投资的难度急剧提升，基金投资者们经历了一段漫长且艰难的时期。此前常被提及的"基金赚钱、基民不赚钱"的前半句话可能短期都不适用了；许多基民坚持了两年的时间却仍然看不到起色，长期投资积累的

开篇寄语

收益遭遇大幅度缩水，焦虑的情绪难免产生。

三是同业的共鸣。有同业反馈，在投教工作开展过程中，报告的数据和结论很好用、很实用；许多机构也想要系统性了解客户收益情况的分析方法，针对自己的客户群体开展研究；还有部分机构表示有兴趣加入到我们的研究当中。

正是以上行业各方面的诉求，使我们意识到此次研究的必要性。

相较来说，此次研究吸引了更多的基金公司参与其中，我们的研究样本量得到较大丰富，结论得到更多数据的验证；此外，海通证券为此次研究提供了更加科学化的分析框架及理论基础。得益于多方协作，我们对此前的研究框架进行了优化，尝试将投资行为发生时点对实际收益的影响引入到计算中，力求对客户收益的刻画更精确，更切中要害地分析基金产品及基民行为层面的影响要素，用"基民收益损益率"及"基民增益系数"将基民实际收益和获得感更清晰、更易理解、更具可比性地呈现出来。

如开篇所言，提升投资者获得感是公募行业的长期课题，我们对于客户投资收益情况的研究还需要继续深入下去。相信会有越来越多的机构参与到此项研究中，不断努力提升公募基金投资者的获得感。也相信公募基金能够实实在在地帮助投资者赚到钱，让基金成为老百姓信赖的投资工具，铸就普惠金融的典范。

开篇寄语

谢 卫
交银施罗德基金总经理

令人难忘的2022年，公募基金在砥砺前行中迎来对行业未来长期发展有重大影响的两件事：一是4月份证监会颁布《关于加快推进公募基金行业高质量发展的意见》；二是11月份五部委联合发布《个人养老金实施办法》，随后个人养老金制度启动实施。两件大事既明确了公募基金行业以投资者利益为核心的原则，也赋予公募基金重大的历史使命。

如何践行高质量发展、勇担使命？公募基金作为专业的资产管理机构，与投资者的"连接点"是基金产品，这就要求我们不断锤炼产品辨识度，为投资者提供辨识度高、风格稳定不漂移、受客群青睐、真正让投资者赚到钱的公募产品。我们需要用产品力证明，公募基金可以通过不同的产品类型、定位不同的风险收益特征、承担清晰分明、又层次丰富的收益实现目标。从而切实提高老百姓对公募基金的信任感。

我们相信，当公募基金辨识度足够明确且持续的时候，是能够赢得投资者信任的。只有让投资者愿意投、放心投、长期投，才能增强基民的获得感，从根本上解决"基金赚钱，基民不赚钱"的痛点。

交银施罗德基金作为公募行业的一员，在十七年的发展中坚持"专注做好投资、用心做好陪伴"，对锻造主动管理能力有信念有信心，对能力边界的

开篇寄语

恪守和拓展有定力有探索，致力于打造风险收益特征清晰、辨识度高的产品图谱。希望以我们的专业和专注，不断为持有人创造更多价值。

面临激动人心的历史性发展机遇，交银施罗德基金期待与行业伙伴一起，以优质产品为抓手，践行高质量发展、金融为民。通过不懈努力，希望未来基金行业可以展示一幅持有人长期的、稳进的收益"图景"。

开篇寄语

庄园芳
兴证全球基金副董事长、总经理

基金行业的使命就是为持有人创造价值，这不仅体现于基金净值的增长，更体现在基民的"获得感"之中。历经二十五年的发展，中国的公募基金产品已经广泛进入居民的家庭资产配置，并从长期维度展现出良好的赚钱效应，但"基金赚钱，基民不赚钱"的现象仍然广受关注，有待行业的思考与破题。

我们认为，切实提升基民的投资体验和"获得感"，不仅关乎基金行业的投资管理能力，而是渗透于基金公司投研、风控、产品、销售等全产业链条的任何一个环节——投研团队是否持续精进专业能力，以持有人利益最大化为己任？风控团队是否做到有效规避风险，维护资产安全？产品线布局是否完备，满足客户不同的风险收益偏好和资产配置需求？销售部门是否主动调整营销节奏，在市场狂热的时候避免过度销售，在市场低迷的时候积极传递信心？投资者服务团队是否以优质的客户陪伴服务匹配客户的真实动态需求，陪伴持有人共同穿越市场起伏？只有当基金公司中的每一个人都把基民获得感当作最重要的责任，才能由量变产生质变，将我们的努力转化为产品净值的增长，客户体验的提升和客户信赖的基石。

从这个角度来说，"基民获得感"的提升应该被基金行业视为一种核心战

开篇寄语

略和文化理念。唯有如此，老百姓辛苦积攒的财富才能够放心地交给我们管理，这种信任托付是长久共赢的基础，也是基民获得感的核心要义。

兴证全球基金的首要经营原则是"持有人利益最大化"，将责任视为公司最重要的企业文化和价值观，以善良之心行正确的事，并紧密结合公司发展战略，渗透到公司业务的方方面面。一路走来，我们也深切地感受到，坚持以持有人利益为先，是一种虽然看起来很慢，但实际上慢就是快的路径，能够从长期维度实现与广大投资者的长久共赢。廿载如一，择善而行，我们也将继续以责任、专业、勤勉，为提升基民获得感不懈努力，为持有人的美好明天不断前行。

开篇寄语

王大智
上投摩根基金总经理

近年来，公募基金管理规模和持有人数量实现了跨越式发展，未来随着个人养老金账户的普及，基金有望成为更多老百姓的理财之选。

与此同时，基金行业也将投资者获得感提升到了战略高度。在基金公司内部，普遍已建立了长期视角的投研考评机制，并加入了投资者盈利的考察维度。不少权威的基金评价机构设立了投资者获得感的评奖，重点考察基金中长期业绩与投资者的实际盈利。

本次《中国基金投资者获得感洞察报告》的推出恰逢其时，报告通过大量的客户数据统计，力求科学地开展客户盈利情况分析，探寻投资者在基金投资过程中的痛点，从而为基金公司的产品规划、客户陪伴、投资者教育等工作提供有益的参考。

初心如磐，笃行致远。上投摩根基金将继续携手中国证券报和基金公司同业，致力于帮助广大投资者改善盈利体验，提升投资的获得感。

开篇寄语

朱永强
信达澳亚基金总经理

近年来公募基金规模快速增长，但仍存在着基金赚钱基民不赚钱、持有人长期利益让位于基金公司规模扩张冲动等问题。2022年4月证监会发布《关于加快推进公募基金行业高质量发展的意见》，强调提升投资者获得感，更好地服务于居民财富管理的需求。

我们认为，公募基金行业的宗旨是"受人之托，代客理财"，基金公司与客户之间本质上是一种基于道德责任和专业能力的信托关系。坚守客户第一性原则，是这种关系赖以生存的前提。而第一性原则，即坚持专业性、守住信义义务、对客户保持中性。

基金管理人之于投资者，如同医生之于病人，所管理的财富关联着每个家庭的幸福与安定。管理人肩负着对这笔财富的道德责任，即信义义务。公募基金从业人员要心怀敬畏、坚守诚信，履行对客户的承诺和守护责任，守住"信"的法律和道德底线，守住"义"的美德。

对于公募基金行业而言，诚信是立身之本，是员工个人修养和人格完善的核心要求，是融入血液的信念。客户将资金托付给基金公司，基金公司就要履行对客户的承诺和守护责任，将客户利益置于自身利益之上，投资管理时精耕细作、审慎选择及决策。

开篇寄语

基于成就客户的目标，近年来，信达澳亚基金在逆势布局上身体力行，做了很多探索，如逆势建仓、逆势销售、设计长持有期产品等。凭借投资和销售上的逆向思维，信达澳亚大幅提升了专业品牌影响力，赢得了客户的好感。

中证报牵头联合几家行业优秀公司推出的《中国基金投资者获得感洞察报告（2022）》，精细刻画和分析了基金投资者行为，为科学衡量基民投资获得感打下了坚实基础，期望行业各方能共同努力，持续提升公募投资者的持有体验。

开篇寄语

莫泰山
博道基金董事长

日前，中国证监会颁发了《关于加快推进公募基金行业高质量发展的意见》，强调行业高质量发展，"总的原则是，坚持以持有人利益为核心"。公募基金行业多年来致力于创造良好的回报，交出了一份不错的成绩单。但比基金产品盈利更重要的，是基金投资人账户的实际盈利，只有提升基金投资人账户的实际盈利，才是真正把持有人利益为核心落到实处。

近年来，对"基金赚钱，基民难赚钱"的现象讨论多了起来，体现了业界对发展普惠金融初心的益加尊重。而中国证券报联合业界同仁推出的《中国基金投资者获得感洞察报告》，以参与机构的基金产品为样本，把基金投资人的真实盈利情况展示出来，让我们可以看到现实，看到落实高质量发展、落实以持有人利益为核心方面，是否还存在差距，具有非常积极的意义。

博道基金自2018年获准开展公募业务以来，实践中对以上问题一直在观察、在思考，也在行动。我们认为，造成这一现象的原因，是因为长期投资面临诸多挑战，过程中投资人往往面临认识不清、信心不足、陪伴不够等问题，在市场剧烈的波动中可能会"败下阵来"。如何提升基金投资人的长期投资体验，是现实的课题。

受长期投资挑战困扰的，也不仅仅是国内的投资人。亚马逊集团CEO杰

开篇寄语

夫·贝佐斯曾问巴菲特:"你的投资体系这么简单,为什么别人不做和你一样的事情?"巴菲特给出了这样的答案:"因为没有人愿意慢慢变富。"

受此启发,博道基金提出了"慢富道"投资者服务品牌。我们希望,一方面,普及"慢慢变富"的理财观念,让更多的人选择坚持长期投资;另一方面,通过多种多样的"慢富道"投资者陪伴活动,提升客户长期投资的体验和获得感。

实践慢慢变富,需要相信长期的力量,需要提升创造良好回报的专业能力,需要关注投资中的安全边际,需要基金管理人、基金投资人以及合作伙伴之间建立起真正的信任,还需要长期坚持的耐心,概括起来,就是长期、优质、安全边际、信任和耐心。

从盈利洞察报告中反映的情况看,我们的工作还有很大的改善空间,这份报告就是一面镜子,照见我们的不足,鞭策我们,继续努力。

道阻且长,行则将至,在服务持有人的道路上,不断向前。

2022 公募基金投资者盈利洞察报告
基民真实投资收益计算方法与增益系数

在公募基金业步入高质量发展阶段的今天，如何运用清晰透明的研究框架科学准确衡量基金投资者收益情况，更有针对性地深化投教和客户陪伴工作，优化产品战略布局与销售策略，提升投资者获得感，是基金公司与销售机构关注的重点问题。

2022年4月26日，证监会发布《关于加快推进公募基金行业高质量发展的意见》（以下简称"意见"），强调了长期投资和价值投资，要着力提高投资者获得感。

为探索科学衡量基民投资获得感的方法和体系，寻找提升投资者获得感的方法和途径，中国证券报与海通证券及景顺长城基金、交银施罗德基金、兴证全球基金、上投摩根基金、信达澳亚基金、博道基金通力合作开展此次研究。

此次合作起源于2021年，中国证券报联合景顺长城基金、富国基金、交银施罗德基金三家基金公司展开一项大型研究，统计分析三家基金公司旗下4682万主动权益类基金客户的账户共计5.65亿笔交易记录数据，并于当年10月推出《公募权益类基金投资者盈利洞察报告》（以下简称"洞察报告"）。透过报告的核心结论"基民投基收益＝基金损益＋基民行为损益"，我们发现基金产品与投资者行为两方面要素都对投资者获得感产生了重要影响，提示我们可从基金产品与基民行为两个维度去挖掘影响投资者盈利体验的深层次原因，探寻提升投资获得感的努力方向。

基于真实客户数据的洞察报告一经发布，即在行业内引发广泛关注和讨论。对各家基金公司和销售机构而言，投资者盈利体验与获得感是公司与行业健康发展的重要保障，而科学准确地刻画客户的收益情况则是找寻"获得感密钥"的基础。

但是，在洞察报告的基础上，对基民获得感的进一步研究依然存在指标可比性和有效性方面的障碍。客户实际盈利数据的统计分析非常繁杂，各家公司都有海量数据，而且对数据的处理方法和研究框架各不相同，导致相关指标在同业之间的可比性和延续性不足。而从衡量投资者获得感的角度看，现有的分析指标均存在一定程度的缺陷。

基于上述关于投资者获得感指标若干缺陷的思考，中国证券报、海通证券与景顺长城基金在洞察报告的基础上继续深化合作，对"基民投基收益＝基金损益＋基民行为损益"的基本框架进行了三方面的优化。

一是将基民收益率用内部收益率（IRR）代替，将投资行为发生时点对实际收益的影响刻画得更加精确；在更长的时间维度看，更接近于基民的真实收益情况。

二是将绝对值形式的指标优化为比值形式的符号化指标，使得基民实际收益和获得感可以更清晰、更易理解、更具可比性地呈现出来。

三是结合市场动态及行业实践反馈对基金产品与基民行为层面的分析指标和框架进行了优化，更清晰地探寻提升基民获得感的努力方向。

经上述优化后，我们构建出基民增益系数，将基民实得收益与基金标称收益的差异以简单的数字清晰表示。一定程度上，该指标克服了洞察报告中基民行为损益可比性不强的缺陷。

总体来说，此次研究有望对基金公司、销售机构乃至全行业产生一定的参考价值。

首先，通过"基民增益系数"为"基民获得感"构建更加清晰、透明、可比的指标体系与研究框架，有利于推动全行业更充分地运用海量客户数据，更科学高效地开展基民盈利分析工作。

第二，从产品和营销维度探求客户盈利的影响要素，帮助基金公司与销售机构针对性地优化产品设计布局以及销售策略规划，切实提升投资者的实际体验。

第三，优化后的指标体系与研究框架可以更精确地反映投资者的盈利状况，更细致地刻画对投资者获得感产生负面影响的投资者属性和行为，让基金公司和销售机构的投教与客户陪伴工作有的放矢。

景顺长城基金、交银施罗德基金、兴证全球基金、上投摩根基金、信达澳亚基金、博道基金一直以来关注客户投资获得感问题，重视对客户行为和盈利体验的研究，此次在搭建基础框架的同时，六家公司汇总长期积累的客户数据，开展实证研究和归纳总结，对提升投资者获得感的路径进行了探索。中国证券报长期观察基金投资者获得感情况，致力于推动行业改善投资者盈利体验；海通证券在搭建投资者获得感分析指标体系方面已经做出了有效的尝试，推出了一系列相关研究报告；景顺长城基金开展了多次投资者盈利情况调查与研究，基于实践推动获得感研究指标的构建、执行以及后续基金产品和基民行为层面分析指标与框架的优化。

本篇报告是此次系列研究的第一篇，后续我们还将推出更多关于基民投资获得感话题的多角度分析文章，期待着本篇报告能够成为构建科学衡量基民投资获得感方法和体系的基础性的一步，带动基金行业各方力量共同努力，推动科学衡量基民投资获得感的方法和体系不断走向完善。

一、基民投资收益的计算方法

1. 现有分析指标及优缺点

如开篇所言，从衡量投资者获得感的角度看，现有的分析指标均存在一定程度的缺陷。总体如下：

基金净值增长率：该指标是衡量投资者获得感最基础、最常用的指标。其隐含的逻辑是基金表现越好，基金投资者的收益率和获得感就越高。不过，真实投资过程不是简单的"期初买入、长期持有"，投资者申赎基金的频率、金额和时点都会导致单个账户的实际损益背离基金的整体投资损益，使得基金净值增长率难以真实反映投资者的实际体验与感受。

基金加权平均净值利润率：该指标可以作为衡量投资者获得感的进阶指标，在基金中期报告与年度报告均有披露。由于该指标考虑了申赎操作的影响，一定程度上反映了投资者行为对投资收益的影响，可粗略地视作更能反映投资者真实收益的指标。但是，该指标对投资者账户资金流向的刻画仍显粗放，无法精确地反映投资者的获得感。

投资者的简单资金收益率：这是投资者最熟悉、最关注的指标，最能反映投资者的实际盈利和真实感受。但是，该指标忽略了时间的影响，对于不同持有期限的账户，某一特定的简单收益率对应的投资感受显然存在重大差异；同时，这也使得账户之间收益率的可比性大大减弱。

基民行为损益：洞察报告创新性地提出了基民行为损益的概念，并对行为损益的来源进行了探索，为投资者总结出若干有利于提高获得感的基金操作建议。但是，基民行为损益是以百分点形式呈现的绝对数值，难以在基金或产品类型的层面进行直接比较运用。

同时，基民行为损益并不能完全归因于基民个体属性，基金公司和销售机构的营销和投教行为也可能通过作用于基民投资行为而对损益和获得感产生影响。

下面我们就基金净值增长率、加权平均净值利润率及投资者简单资金收益率作详细分析。

2. 两个刻画收益率的简单指标

现有刻画收益率的两个简便指标，分别是基金净值增长率和加权平均净值利润率。在这一部分我们首先来对这两个指标进行介绍，并试图总结它们各自的优缺点。

2.1 基金净值增长率

基金的复权单位净值增长率（简称"净值增长率"）是使用最频繁的基金收益率指标。基金的净值增长率是基金投资者选择基金的主要参考指标之一，也是基金管理公司内部考核基金经理的重要指标之一。

基金的净值增长率的计算公式如下：

$$\text{基金的净值增长率} R = \frac{\text{基金期末的复权单位净值} nav_n}{\text{基金期初的复权单位净值} nav_0} - 1。$$

不难发现，基金的净值增长率刻画了考察期内一笔投资（不追加申购也不部分赎回）的效果，而在真实投资过程中，基金投资者会存在追加申购和赎回等行为，因而投资者真实的投资收益率和基金净值增长率之间存在差异，净值增长率并无法刻画真实的投资收益。

2.2 加权平均净值利润率

在定期披露的基金中期报告和年报中，有一个类似于内部收益率的指标，叫加权平均净值利润率。该指标考虑了基金投资过程中，投资者的申购和赎回所产生的影响。在无法获取内部收益率的情形下，该指标可被近似用于刻画相对于基金净值增长率而言更真实的投资者收益情况。

该指标的计算公式如下：

基金的加权平均净值利润率为：

加权平均净值利润率 =

$$\frac{\text{区间内基金的收益额}}{\text{期初的基金资产净值} + \text{每日披露的基金资产净涨幅值的时间加权和}}$$

开放式基金的加权平均净值利润率的计算表达式为：

$$R = \frac{F}{NAV_0 + \sum_{i=1}^{n} \Delta NAV_i \times \frac{n-i}{n}}$$

封闭式基金的加权平均净值利润率的计算表达式为：

$$R = \frac{F}{NAV_0 + \sum_{k=1}^{w} \Delta NAV_k \times \frac{w-k+0.5}{w}}$$

其中，P 为区间内基金的收益额，NAV_0 为期初的基金资产净值，n 为报告期内所含的交易天数，i 为报告期内的第 i 个交易日，$\Delta NAV_i = i$ 交易日基金资产净值 $-$（$i-1$）交易日基金资产净值；w 为报告期内所含交易周数，k 为报告期内的第 k 个交易周，$\Delta NAV_k = k$ 交易周披露的基金资产净值 $-$（$k-1$）交易周披露的基金资产净值。

加权平均净值利润率具有可获得性强的优点，由于加权平均净值利润率为半年报和年报中必须披露的项目，投资者每半年即可获得该数据，可从报表中直接摘取，无需计算，获取方便。另一方面，加权平均净值利润率也存在着明显的缺点，就是存在路径依赖的问题。

由于当日基金资产净值的相对涨幅等于当日基金的申购额减去当日基金的赎回额，再加上当日基金的收益额，所以加权平均净值利润率可变形为：

$$加权平均净值利润率 = \frac{考察期内基金的收益额}{期初的基金资产净值 + 每日基金净申购额的时间加权和 + 每日基金收益额的时间加权和}$$

则开放式基金的加权平均净值利润率的计算表达式为：

$$R = \frac{P}{NAV_0 + \sum_{i=1}^{n}(SUB_i - RED_i) \times \frac{n-i}{n} + \sum_{i=1}^{n} P_i \times \frac{n-i}{n}}$$

其中，SUB_i 为第 i 个交易日基金的申购额，RED_i 为第 i 个交易日基金的赎回额，P_i 为第 i 个交易日基金的收益额。

由上述公式可知，由于分母中包含了收益项，而该收益项为考察期内基金每个交易日收益额的时间加权和。因此，其对于距离考察期末更近的收益项 P_i 赋予了更低的权重，从而使得即便是在考察期内基金收益总额相同的情况下，也会由于基金每日的收益额不同，导致分母中的收益项存在差异，从而使得加权平均净值利润率不一致，也就是我们所说的路径依赖。

对于两只不同的封闭式基金，假设期初和期末的资产净值相同，若不考虑分红，则两只基金期间的收益额相同。从复权单位净值走势来看，其中一只基金的净值缓慢上升，另外一只基金的净值一开始走平，但后期突然加速上涨。这两种情况下，即便基金区间的收益额相等，由于净值缓慢上涨基金的分母项会大于先走平后加速上涨基金的分母项，因此前者的加权平均净值利润率会更小。

3. 投资者简单资金收益率

净值增长率无法刻画多次交易的投资者收益率，而加权平均净值利润率存在明显的路径依赖问题，亦无法很好的用来刻画投资者的获得感。在仅有公开数据的情况下，本节构造的投资者简单资金收益率（下称"简单资金收益率"）能够更直接地刻画和反映基金投资者的获得感。

3.1 简单资金收益率的定义

我们定义简单资金收益率为期间总收益除以期间投入资产净值。令 NAV_0 为基金考察期初的资产净值，NAV_n 为基金考察期末的资产净值，SUB 为考察期内基金投资者的总申购金额，RED 为考察期内基金投资者的总赎回金额，DIV 为考察期内基金的总分红金额。将一段时间内所有持有该基金的投资者当作一个整体，则考察期投入总成本：

考察期投资总成本 $C=$ 基金考察期初资产净值 $NAV_0 +$ 考察期总申购金额 SUB

考察期投资总收益 P 可以表示为：

考察期投资总收益 $P=$

基金考察期末资产净值 NAV_n － 基金考察期初资产净值 NAV_0

－ 考察期总申购金额 SUB ＋ 考察期总赎回金额 RED ＋ 考察期总分红金额 DIV

这段时间内该基金的简单资金收益率 R 等于：

$$简单资金收益率\ R = \frac{考察期投资总收益\ P}{考察期投资总成本\ C}$$

3.2 简单资金收益率的优缺点

优点一：能够刻画基金投资者的获得感。通过简单资金收益率的公式，可以看到，它是用期间内某只基金所有投资者的投资收益额，去除以同一段时间内基金投资者的总投入，得到的是这段时间内所有该只基金投资者的资金收益率，即基民一共花了多少钱，并且从中赚了多少钱，能较好的刻画投资者的获得感。

优点二：可获得性强。如公式所示，计算基金客户整体的简单资金收益率，事先仅需知道基金的期末和期初资产净值、期间申购和赎回总额和期间分红总额等，而这些指标均是定期公开披露，因此简单资金收益率的计算过程并不复杂，可获得性较强。

优点三：具备可加性。由于分子、分母中所用数值均定期披露，且为简单的算数运算处理，从公式可以直观看出简单资金收益率可以从个体推导到整体。既可以计算单一基金的简单资金收益率，也可以计算多个基金整体的简单资金收益率；既可以计算单一基金半年度的简单资金收益率，亦可以拓展计算单一基金一年乃至更长时期的收益率。

优点四：在上涨市场中，对基民的高换手有惩罚。在申购频繁的情况下，简单收益率中分母的值会变大，导致结果发生较大改变。在上涨市中收益额 $P>0$，此时，在净申购不变的情况下，申购越频繁，分母越大，简单资金收益率 R 反而越小，投资者获得感变差。对于两只区间内有同样正收益的基金来说，基民换手率较高基金的简单资金收益率会低于基民换手率较低的基金。可以看出，简单资金收益率会对有过大体量或频繁申赎的基金造成惩罚，从而达到促进基金管理人鼓励投资者长期持有旗下基金的目的。

缺点：未考虑申赎时点。我们在定义简单资金收益率时，只看考察期内所有申购、赎回和分红金额的体量，不看操作时点，并未考虑到资金的时间成本。因此，如果要衡量一只基金其投资者的长期获得感，简单资金收益率则存在一定的局限性。

4. 内部收益率

上一节中，我们把一段时间内基金投资者的总收益额除以总投入额定义为投资者简单资金收益率，也就是基民获得感，它的假设就是一段时间内基民只关注自己投入了多少钱，并从中赚取了多少钱，与每一笔申购与赎回时点的选择无关。事实上，在一个相对短的时间内，这种假设是合理的，因为基民不会太在意自己每一笔投入产生回报的周期，而是会将更多注意力放在每一笔投入的回报率上。但是，当时间周期拉长时，基金投资者不再只是看投资回报率，投资周期的重要性也逐渐上升。因此，在长周期内，用简单收益率来刻画基民的获得感就会产生一定的偏差。

在刻画一段时间内基民的获得感时，如果要同时兼顾资金的回报率和资金申购赎回的时点，内部收益率是一个更为合理的选择。内部收益率考虑了时间成本且具有可加性，在长周期内，内部收益率能更准确地刻画投资者实际的收益情况，但是计算复杂可获得性弱，投资者感知不易，总体而言，是更适合于基金公司与销售机构精准研究的分析指标。在这一节我们将介绍内部收益率的定义和计算公式,以及它的两种近似计算方法。

4.1 内部收益率的介绍

相比净值增长率,内部收益率考虑了基金投资者的投资成本、投资时点和多笔投资收益,其等于基金投资者投资基金过程中现金流量的终值与期末资产净值相等时的利率。由于

考察期末的资产净值＝投资者考察期初的资产净值持有到期末的终值
　　　　＋投资者考察期每一笔投资的现金流持有到期末各自终值之和

当用复利的方式来计算现金流和期初资产净值的变化时,年化内部收益率可以表示为如下数学表达式:

$$NAV_T = NAV_0 \times (1+R)^T + \sum_{i=1}^{n} C_i \times (1+R)^{t_i}$$

其中,NAV_0 为投资者考察期初的资产净值,NAV_T 为考察期末的资产净值,T 是整个运作期的年份数,C_i 为区间内第 i 笔投资的净现金流,如果 $C_i > 0$,说明当日投资者净申购该基金,如果 $C_i < 0$,则说明当日投资者净赎回该基金,t_i 是每一笔现金流发生时点距离期末所间隔的年份数。例如,考察投资期三年的内部收益率,则 $T=3$；假如距离到期 500 天时发生了第 1 笔金额为 200 的申购,则 $C_1 = 200$,$t_1 = \frac{500}{365}$,距离到期 100 天时发生了第 2 笔金额为 200 的赎回,则 $C_2 = -200$,$t_2 = \frac{100}{365}$。

4.2 内部收益率的优缺点

优点一:考虑时间成本,准确刻画一段时间内的基民获得感。内部收益率公式,综合考虑了基金投资者每笔投资的投资成本、申购和赎回时点以及投资收益,同时也兼顾了基金分红的情况。也就是说,内部收益率就等于一段时间内基民在投资基金过程中进出现金流的终值与期末资产净值相等时的利率。并且,当时间周期拉长时,基金投资者关注投资回报率的同时,更加兼顾投资时间投入。因此,在掌握详细资金进出数据的情况下,可以使用内部收益率公式,相对公允地展示基民获得感。特别是在长周期内,内部收益

率能更准确地刻画投资者实际的获得感。

优点二：具有可加性。从计算公式上看，资产净值和申赎金额等参数的数值都具备能线性加减的特质，那么内部收益率的计算主体可以通过简单运算由单个投资者单个产品的最小个体拓展至基金整体。事实上，不仅仅是单一基金，任意投资者的组合、任意渠道的产品或是任意时期内某个产品的多个销售渠道，都可以采用上述公式，来计算内部收益率，从而相对准确地、从多层次刻画客户的获得体验。

缺点一：可获得性弱。投资者内部收益率计算中，无论考虑以个体投资者作为主体还是以基金全部投资者作为主体，每个投资者每只基金的日申赎量和申赎时点都是必要条件，而投资者每日资金的流入流出并非定期公开披露的数据，更适合基金公司及销售机构内部获取研究，其他三方机构及普通投资者无法获取。此外，上述计算表达式涉及 R 的高阶 n 次方，想要准确求解 R 没有直接一步到位的方式，同时 R 可能会有多个结果，而其中有参考性的结果往往只有一个。因此，内部收益率的计算需要同时克服数据的获取难度和计算方式的复杂度。

缺点二：对普通投资者来说，内部收益率难以感知。在一项投资中，投资者最能直观感受到的投资回报是到手的投资收益。由于内部收益率额外考虑了投资周期中的时间成本，但时间成本对投资者而言是一个相对抽象的概念，它不像投资收益那样直接体现在回报上。相比投资者简单资金收益率，内部收益率除了展示基金净值增长带来的回报，同时展示了时间的价值，从数值上与客户在账户中所见到的收益往往并不相同。

缺点三：再投资回报假设。内部收益率的计算基于再投资假设，在这个假设下，投资者在投资期间收到的每一笔钱，再次投资到市场上，都会获得同样的回报率。但是这个假设在现实生活中很难实现，导致投资者的年化回报率往往会由于基金上涨期间的赎回行为被高估，相反由于基金下跌时的赎回行为被低估。

4.3 内部收益率的计算

需要指出，即使我们已经掌握了一段时间内 v 资金进出的信息，但在现金流相对复杂的情况下，计算内部收益率的过程并不容易，这里我们推荐两种相对效率的内部收益率近似计算方法，分别是单利法和迭代法。

单利法

已知内部收益率的表达公式为：

$$NAV_T = NAV_0 \times (1+R)^T + \sum_{i=1}^{n} C_i \times (1+R)^{t_i}$$

其中，R 为这段时间内的年化内部收益率，T 是整个运作期的年份数，t_i 为每一笔现金流发生时点距离期末所间隔的年份数。

我们令 $f_{t_i}(R) = (1+R)^{t_i}$，对 $f_{t_i}(R)$ 在 $R=0$ 处进行泰勒展开，则有 $f_{t_i}(R) = 1 + t_i R + o(R)$，代入内部收益率公式，则近似有：

$$NAV_T = NAV_0 \times (1+R)^T + \sum_{i=1}^{n} C_i \times (1+t_i R)$$

可以发现，泰勒展开其实是将等号右边第二项计算收益率的复利形式转变为了单利形式，为了统一收益率的计算方法，我们同样对等号右边的第一项进行修改，则内部收益率公式近似有：

$$NAV_T = NAV_0 \times (1+TR) + \sum_{i=1}^{n} C_i \times (1+t_i R)$$

此时，我们可以得到：

$$R = \frac{NAV_T - NAV_0 - \sum_{i=1}^{n} C_i}{NAV_0 \times T + \sum_{i=1}^{n} C_i \times t_i}$$

即

单利内部收益率 R＝

$$\frac{投资者考察期资产净增长 － 投资者考察期现金净流入值}{投资者考察期初资产净值 \times 持有期 ＋ 每一笔现金流 \times 各自持有期的加和}$$

优点：单利内部收益率是对内部收益率的近似表达，其同样考虑了一段时间内每笔净现金流的体量和发生时点，并且计算过程要更方便，计算成本低、效率高。

缺点：结果精度不高，尤其当投资周期拉长时，单利内部收益率与复利内部收益率差值增大。

迭代法

对于计算结果的精度有一定要求的机构,可以通过牛顿迭代法,得到内部收益率的近似结果,其精确度要比单利内部收益率更高。具体步骤如下:

步骤一:令:

$$F(R) = NAV_0 \times (1+R)^T + \sum_{i=1}^{n} C_i \times (1+R)^{t_i} - NAV_T$$

步骤二:选定初始值 R_0 和精度控制变量 ε。这里,R_0 可以选取为同等条件下计算出的投资者简单资金收益率。

步骤三:令 $F_0 = F(R_0)$,即:

$$F(R_0) = NAV_0 \times (1+R_0)^T + \sum_{i=1}^{n} C_i \times (1+R_0)^{t_i} - NAV_T$$

F_1 为 F_0 的导函数,即 $F_1 = F'(R_0)$,则 F_1 有如下表达式:

$$F_1 = F'(R_0) = NAV_0 \times T \times (1+R_0)^{T-1} + \sum_{i=1}^{n} C_i \times t_i \times (1+R_0)^{t_i-1}$$

步骤四:进行迭代操作,当满足迭代条件时,即 F_0 的绝对值大于精度控制变量 ε,进行如下操作:①令 $R_1 = R_0 - F_0/F_1$;②$R_0 = R_1$;③重新回到步骤三,再次进行计算。

步骤五:不断进行迭代操作,直到不满足迭代条件时,输出令 F_0 的绝对值不大于精度控制变量 ε 的迭代结果 R_1,该结果就是内部收益率的估计值,可见估计偏差由精度控制变量 ε 决定。

优点一:精确度高。对于一个选定的初始值,我们通过带入初始值不断迭代出更精准的近似内部收益率,最终实现精确度控制在变量 ε 以内。ε 取值越小,则精确度越高。

优点二:迭代法灵活度高。从牛顿迭代法的理论来看,迭代的精度、次数上限、初始值都是人为设定的,调整三者的取值可以灵活平衡精确度和计算效率。对于 IRR 的计算,选择初始值为简单收益率,能大幅减少计算出有效 IRR 的迭代次数和耗时。

缺点：运算成本较大。迭代法本质是循环运算直至达到精度要求，相比单利内部收益率，运算时间大幅提升，同时也需要运用更高效的运算工具实现。

考虑到迭代法精确度高这一绝对优势，在解决了运算工具的前提下，我们在两者之间优先选用迭代法来计算内部收益率。用迭代法实际计算 IRR 中有以下几点是需要注意的：

1. $NAV_0 > 0$，期初资产净值需为正，确保投资的期初都是同一时点从而具有可比性；

2. 各计算指标的取值，需注意申购、转入、定投、认购视为投入 C_i 符号为正，赎回、转出视为收益 C_i 符号为负；

3. 精度控制变量 ε 的选择，ε 越小，IRR 结果精度越高。但精度控制变量也不能一味趋近 0，对于实际计算，ε 越小产生的计算成本就越大，需要在合理范围内取最大效用的 ε 值；

4. 迭代次数上限的选择与 ε 选择逻辑相似，要在实现高精度的同时考虑计算成本；

5. 由于内部收益率的公式会产生多个解，其中符合逻辑的有效解只有一个，此时初始值 R_0 的选择就尤为重要。我们实际测算发现，相比起以单利内部收益率为初始值，选择简单收益率作为初始值能更快得到 IRR 的有效解；

6. 从实际计算结果看，对于经历了短期大幅涨跌并持有期较短的投资者，由于 IRR 的再投资回报假设，短期的收益率会被延续至投资全程，最终可能获得脱离现实收益的超高或超低内部收益率。在实际测算时，对于此类极端异常值应单独分析原因。

二、基于内部收益率计算的基民投资收益

基于优化后的指标，我们汇总了参与报告编写的基金公司截至 2022 年 6 月 30 日客户数据，运用内部收益率计算了客户的盈利情况。总体来看，数据反映出的结果与洞察报告的结论相吻合。在近三、五年，市场行情较好时，

基金投资者获得了较可观的盈利。不过，相较于所购买的基金产品净值增长率，投资者最终实现的收益率出现了一定的损耗。

需要说明的是，统计的数据样本和研究维度与 2021 年的洞察报告相比，此次研究有两大创新点。

其一，本次研究将偏债型基金产品客户数据纳入了统计样本中。洞察报告中我们统计分析的是主动权益类基金产品。不过，随着偏债型基金在市场上愈发受到投资者关注，该类产品的客户体量也快速提升。相比之下，他们的盈利情况究竟如何？是否有新的特点？我们认为对于该类基金客户的盈利情况研究愈发具有必要性。因此，在偏股型基金之外，我们扩充了统计样本范畴，如无特殊说明本文所指样本整体包含偏股型及偏债型基金客户数据。

其二，本次研究新增了偏股型基金类别下基金产品投资风格细分维度。近年来我们关注到市场风格常常极致化演绎，相对应的，不同投资风格的偏股型基金产品业绩呈现出较大的差异。这样的风格分化问题也令基金投资者愈发关注且重视基金投资风格。因此，此次研究新增了投资风格维度，按照价值、均衡、成长等不同投资风格，来梳理客户的盈利情况。

总体来看，在近三年、五年的时间区间里，投资者最终实现的收益率相较基金净值增长率出现一定损耗。但是在近一年市场整体下跌的背景下，或许是由于客户的止损操作，投资者收益相较于基金净值增长率出现了增益。而在新增的偏债型基金数据样本中，这样的结论依然成立。投资风格细分维度下，价值、均衡、成长的客户盈利情况也符合这一结论，只是损益的幅度存在一定差异。

1. 基民投资收益情况

由于在不同的市场环境下，数据结论出现较大差异。为方便比较说明，我们以能够综合反映 A 股上市股票价格整体表现的万得全 A 指数为标准，定义万得全 A 指数上涨区间的市场为"上涨市"，下跌区间的市场为"下跌市"。据此定义，我们的统计区间近一年为下跌市，近三年及近五年为上涨市。

结果显示，近三年及近五年的上涨市中，偏股型基金的基民平均年化收益率均跑赢万得全 A 指数。尤其是近三年，在万得全 A 指数年化收益率

10.10% 的背景下，偏股型基金基民平均年化收益率达到 19.30%，超额收益较明显。而在近一年的下跌市中，偏债型基金显露出一定优势，基民平均年化收益率达到 2.40%。

表 1 投资者平均年化收益率与万得全 A 指数情况

	下跌市 近一年 （2021.07.01— 2022.06.30）	上涨市 近三年 （2019.07.01— 2022.06.30）	上涨市 近五年 （2017.07.01— 2022.06.30）
万得全 A 指数区间涨跌幅	−6.34%	32.37%	22.89%
万得全 A 指数区间年化收益率	−6.54%	10.10%	4.33%
样本整体基民平均年化收益率	−6.24%	18.31%	10.35%
偏股型基民平均年化收益率	−7.49%	19.30%	10.92%
偏债型基民平均年化收益率	2.40%	9.34%	4.56%

（指数数据来源：WIND，截至 2022.06.30）

偏股型基金中，按照投资风格划分为价值、均衡、成长来看：成长型体现出更高的向上弹性，在上涨行情中客户平均收益率更高，但是下跌时亏损同样更高。例如在近三年区间里，成长型基金的基民平均年化收益率达到 21.97%，近一年则为 −12.94%。价值型基金投资者的收益情况相对更平稳，近一年逆势取得正收益，均衡型居于成长型和价值型之间。

表 2 按照投资风格划分的投资者平均年化收益率情况

偏股型基金 投资风格分类	近一年（2021.07.01— 2022.06.30）	近三年（2019.07.01— 2022.06.30)	近五年（2017.07.01— 2022.06.30）
价值型	1.15%	9.25%	4.67%
均衡型	−6.02%	18.20%	11.03%
成长型	−12.94%	21.97%	6.65%

2. 基民收益损益率

2021 年发布的洞察报告研究结论显示，2016—2020 年，主动权益类基金客户的投资行为将最终的投资收益平均拉低了11.61%，相比对应基金的平均年度净值增长率，客户行为带来的损益率接近-60%。

表3 各年度投资行为影响

年份	基金平均净值增长率	基民平均收益率	投资行为影响*
2016	-10.80%	-7.61%	3.19%
2017	28.21%	16.73%	-11.48%
2018	-19.99%	-12.82%	7.17%
2019	48.38%	23.86%	-24.52%
2020	52.07%	19.62%	-32.45%
均值	19.57%	7.96%	-11.61%

注：投资行为影响＝客户年度平均收益率－基金年度净值增长率，可等同于本文所指的基民收益损益。

来源：《公募权益类基金投资者盈利洞察报告》

此次，在基于内部收益率计算了基民的盈利数据后，为进一步研究其获得感，我们继续将投资者盈利情况与所投资基金的平均收益率相比较，计算基民收益损益率。

计算公式为：

基民收益损益率＝（基民平均收益率－基金平均净值增长率）/｜基金平均净值增长率｜

整体来看，数据结果与洞察报告结论相吻合。

在上涨市，基民收益损益率为负值，即基民收益＜基金净值增长率，基民收益出现了损耗。且更长的时间段内，基民收益损耗更大；

在下跌市，基民收益损益率为正值，即基民收益＞基金净值增长率，基民收益出现了增益。这一数据同样印证了洞察报告中的统计，在2018年的单边下跌市中，基民的投资行为一定程度上规避了市场的下行风险，带来了7.17%的正面影响。

表 4　样本整体基民收益损益率情况

	近一年（2021.07.01—2022.06.30）			近三年（2019.07.01—2022.06.30）			近五年（2017.07.01—2022.06.30）		
	基金平均净值增长率	基民平均收益率	基民收益损益率	基金平均净值增长率	基民平均收益率	基民收益损益率	基金平均净值增长率	基民平均收益率	基民收益损益率
样本整体	－7.78%	－6.24%	19.72%	21.38%	18.31%	－14.35%	14.87%	10.35%	－30.38%

分投资类型来看，偏股型基金、偏债型基金的基民收益损益率情况与样本整体情况总体相符，均在近三年、近五年出现了一定的损耗。偏股型基金中，按照投资风格细分来看，均衡型基金的基民收益损益率均好于偏股型基金及样本整体的平均水平。而成长型、价值型基金相较于偏股型基金整体都出现了更大的损耗。

表 5　按投资类型划分的基民收益损益率情况

投资类型	近一年（2021.07.01—2022.06.30）			近三年（2019.07.01—2022.06.30）			近五年（2017.07.01—2022.06.30）		
	基金平均净值增长率	基民平均收益率	基民收益损益率	基金平均净值增长率	基民平均收益率	基民收益损益率	基金平均净值增长率	基民平均收益率	基民收益损益率
偏股型	－9.12%	－7.49%	17.90%	22.92%	19.30%	－15.76%	16.06%	10.92%	－32.00%
偏债型	3.85%	2.40%	－37.65%	9.75%	9.34%	－4.18%	7.16%	4.56%	－36.32%

表 6　按投资风格划分的基民收益损益率情况

偏股型基金投资风格分类	近一年（2021.07.01—2022.06.30）			近三年（2019.07.01—2022.06.30）			近五年（2017.07.01—2022.06.30）		
	基金平均净值增长率	基民平均收益率	基民收益损益率	基金平均净值增长率	基民平均收益率	基民收益损益率	基金平均净值增长率	基民平均收益率	基民收益损益率
价值型	3.68%	1.15%	－68.78%	11.38%	9.25%	－18.68%	9.04%	4.67%	－48.34%
均衡型	－7.96%	－6.02%	24.32%	21.06%	18.20%	－13.59%	14.97%	11.03%	－26.31%
成长型	－14.53%	－12.94%	10.89%	27.36%	21.97%	－19.71%	16.99%	6.65%	－60.84%

上述投资类型及投资风格的细分维度数据，方向上与样本整体数据是一致的，但是出现了部分异常值。近一年在样本整体基民收益损益率为正19.72%的情况下，偏债型基金的基民收益损益率却达到－37.65%，价值型基金的基民收益损益率达到－68.78%。在市场整体下跌的情况下，偏债型及价值型基金逆势取得了正年化收益，基民平均收益同样为正，但是出现了一定损耗。

对于上述基民收益损益率的特点以及部分异常值，我们将在后续章节结合客户数据进行深入分析。

三、基民增益系数

在分析基民收益损益情况时，我们发现了一些潜在的问题。由于基民收益损益率是一个简单的比率，在计算时会难以避免地放大一些微小的差异，这一点在近一年的下跌市时颇为明显。

如表6所示，近一年偏债型及价值型的基民平均年化收益率与对应基金的平均年化收益率都为正且仅相差不到3个百分点，绝对值相近，但是损益率分别达到－37.65%、－68.78%。这样的损益率放大了投资者对于损耗的感知，可能会产生一定的误导。

因此，我们尝试运用另一种方法来体现基民收益与基金收益之间的差距。另一方面，为了后续从产品及基民行为维度进行比较分析，使得基民实际收益和获得感可以更清晰、更易理解、更具可比性地呈现出来，在计算了基民收益损益情况后，我们构建出基民增益系数，尝试将这一现象进行符号化表达。

其具体的计算公式为：

$$基民增益系数 =（1+基民收益率）/（1+基金净值增长率）$$

该系数同时考虑了投资本金和投资收益，两者之和对应投资者实际获得的资产，从而刻画出基民整体投资资产相较基金收益的情况。假设我们投入的本金是 X，则基民一年后到手的本金加收益为（1 + 基民收益率）× X，基金按照净值增长率计算一年后的本金加收益为（1 + 基金净值增长率）× X。因此基民收益相对于基金收益的达成情况计算自（1 + 基民收益率）× X/（1 + 基金净值增长率）× X =（1 + 基民收益率）/（1 + 基金净值增长率）。也就是说，如果基民能获得和基金相同的收益率，则基民增益系数为 1。

基民增益系数来自海通证券《基金投资者的获得感研究》系列报告中提出的"陪伴增益系数"，是"陪伴增益系数"在根据基金内部数据计算基民真实收益情况这一特定场景下的运用，可供业内在同一口径下对基金内部数据进行分析研究。

基民增益系数可以将基民实得收益与基金标称收益的差异以简单的数字清晰表示，一定程度上克服了洞察报告中基民行为损益可比性不强的缺陷，也避免了基民收益损益率出现的放大差异的问题。

该指标的内在逻辑是，与基金产品的收益率相比，基民实际获得的收益率越高，基民增益系数就越高，投资者获得感也越强。在剥离基金层面业绩表现的影响后，该指标概括反映了基民投资行为、除投资以外的基金公司因素、销售机构因素等对投资者获得感产生的影响，对基民、基金公司和销售机构都有重要的参考价值。

从基民的角度看，该指标有助于探究定投、交易频率、投资时长等行为属性是如何影响基民取得的实际收益的，并可以反向验证，更高的基民增益系数对应着哪些我们长期宣扬的理性投资行为，而更低的基民增益系数对应哪些非理性投资行为。

从基金公司和销售机构的角度看，该指标有助于透过客户数据来挖掘基金经理、基金产品、基金类型、投资风格、持有期设计、产品销售周期等产品属性对基民获得感的影响，进而指导后续的产品设计、管理、发行及销售等工作。

依据公式，我们计算出近一年、三年、五年的结果如下表：

表 7 不同投资类型的基金基民增益系数

	近一年（2021.07.01—2022.06.30）	近三年（2019.07.01—2022.06.30）	近五年（2017.07.01—2022.06.30）
偏股型	1.02	0.97	0.96
偏债型	0.99	1.00	0.98
样本整体	1.02	0.97	0.96

表 8 偏股型分类下不同投资风格的基民增益系数

偏股型基金投资风格分类	近一年（2021.07.01—2022.06.30)	近三年（2019.07.01—2022.06.30）	近五年（2017.07.01—2022.06.30）
价值	0.98	0.98	0.96
均衡	1.02	0.98	0.97
成长	1.02	0.96	0.91

基民增益系数以 1 为分界值，当基民增益系数大于 1 时，意味着基民收益率＞基金净值增长率，即基民行为为最终投资收益来带了增益，数值越大增益越大；当基民增益系数小于 1 时，意味着基民收益率＜基金净值增长率，未实现增益，即基民行为为最终投资收益来带了损耗，数值越小损耗越大。

在构建基民增益系数后，后续篇章里，我们将运用这一系数比较分析基金波动率、回撤数据、基金类型、投资风格等产品维度要素，投资者年龄、经验、性别等画像，并双向验证交易频率、投资时长等行为对基民投资收益的影响。

必须要说明的是，基民增益系数仍然具有一定局限性。一方面，系数的结果，未反映基民投资的过程。即在最终系数相同的情况下，不同的客户经历的净值波动过程未尽相同。另一方面，系数本身是一个相对值，而非绝对值。因此在分析基民获得感的过程中，不建议单独考量，而是作为考察基民获得感体系的一部分，结合基金收益多角度全方位去进行考察。

获得感归根结底是一种偏主观的感受，影响要素众多。基金产品的风险收益特征、基金公司和销售机构的销售与服务行为以及投资者的行为等都有可能给投资者带来或好或差的获得感体验。本篇报告聚焦基民真实投资收益计算方法研究，推出了基民增益系数，以期为"获得感"研究提供基础性分析工具。后续我们还将推出更多的分析报告，延续2021年洞察报告的核心思路，聚焦于客户行为特征以及影响客户行为的基金产品要素，致力于探寻产业链上各个环节的进化之路。

数据指标说明及释义

☆ 数据来源：景顺长城基金、交银施罗德基金、兴证全球基金、上投摩根基金、博道基金五家基金公司旗下剔除3个月建仓期后成立满3、5年的主动偏股型及偏债型基金，近一年、三年、五年的个人客户持仓、区间交易记录数据。上述数据由各公司根据海通证券和景顺长城基金共同商议的方法自行计算，在汇总时已做脱敏处理。海通证券未参与真实数据的计算和统计分析。

☆ 时间节点：数据截至时间2022年6月30日。近一年数据起始时间为2021年7月1日，近三年数据起始时间为2019年7月1日，近五年数据起始时间为2017年7月1日。统计的数据为在区间起点有持仓且在区间内有交易的客户数据。客户数近一年、三年、五年分别为1995万、813万、506万。持仓及区间交易记录数据近一年、三年、五年分别为2542万、1016万、554万。

☆ 基金分类划分：偏股型基金指海通证券分类下主动股票开放型基金及主动股混基金（包含强股混合型、偏股混合型、平衡混合型、灵活混合型以及灵活策略混合型基金）；偏债型基金指偏债混合型基金，即投资债券（含现金）的上下限之和减去投资股票的上下限之和大于等于40%，且投资股票比例上限不超过65%的开放式基金。

☆ 投资风格划分：按照海通证券价值、成长、均衡风格分类。价值、均衡、成长为基金过去3年根据净值计算的风格得分，值越接近100代表基金在该风格下表现更好；Size、PE、PB、Growth、EarningsYield 为根据基金过去 6 次半年报／年报披露的完整持仓，所计算的持仓风格特征分平均值，值越大代表基金持仓的市值、估值、成长、盈利因子更大。若净值计算风格结果和持仓计算风格结果一致，则认定基金为该风格；若两者结果不一致，则进行综合判定。

☆ 内部收益率（IRR）：Internal Rate of Return，即资金流入现值总额与资金流出现值总额相等、净现值等于零时的折现率。在基金领域即为基金投资者投资基金过程中现金流量的终值与期末资产净值相等时的收益率。考虑了基金投资者的投资成本、投资时点和多笔投资收益。如无特殊说明，后文基民收益率计算均采用内部收益率。

☆ 基民收益损益率：基民收益相比基金收益的超额收益占比，计算公式为（基民平均收益率－基金平均净值增长率）/∣基金平均净值增长率∣。如无特殊说明，后文中基民平均收益率均采用基民年化内部收益率的算术平均值，基金平均净值增长率采用基金年化净值增长率的算术平均值。

☆ 基民增益系数：基民投资实际获得的资产相比基金收益的达成情况，计算公式为基民增益系数＝（1＋基民收益率）/（1＋基金净值增长率）。如无特殊说明，后文中基民收益率指基民年化内部收益率，基金净值增长率为基金年化净值增长率。

基金投顾篇

撰写：华泰证券、东方证券、国联证券、南方基金

开篇寄语

葛小波
国联证券董事长、总裁

党的二十大报告提出，要增进民生福祉，提高人民生活品质，扎实推进共同富裕，这是金融工作政治性、人民性的重要体现，通过进一步拓宽投资渠道，助力人民群众增加财产性收入，是金融机构的使命和担当。目前，居民在财富配置过程中可选标的虽然已经很多，2004年以来全市场股票型基金平均年化收益率超过12%，但是基金持有人的真实收益却远不及此。"基金赚钱，基民不赚钱"已成为财富管理行业迫切需要解决的痼疾。

三年前，监管推出基金投顾牌照试点业务，是解决上述痼疾的一剂良药，"七分顾、三分投"也是实现居民财富增值的大方向。一方面，投要厚积薄发，财富管理业务要以专业配置能力为出发点，根据投资者的风险承受能力挑选资产、构建组合。另一方面，顾更不可或缺，顾问服务往往是传统金融机构所不足的，财富管理业务更需强调根据客户画像提供个性化的、全方位的顾问服务能力。

国联证券是第一批基金投顾试点机构中唯一的中小型证券公司，紧跟"七分顾、三分投"的大方向，以基金投顾业务为抓手，在财富管理转型中砥砺前行。国内资本市场发展日新月异，居民财富配置需求日益迫切，国联证券将以客户需求为第一位，不仅努力夯实配置研究基础，更要倾心做好顾问服

开篇寄语

务体系，持续扩大基金投顾合作伙伴覆盖面，努力发展成为有特色的精品化证券公司，也为我国居民财富结构的升级添砖加瓦。

祝愿各位行业同仁倾力合作做大基金投顾业务，在财富管理的蓝海中遨游和成长！

开篇寄语

徐海宁
东方证券副总裁

改革开放四十多年来，伴随着经济高速增长，居民财富快速累积，中国已成为全球第二大财富管理市场。目前中国居民财富主要配置在房地产等实物资产上，随着中国经济结构与增长方式的转变，居民财富由实物资产向金融资产转移趋势明显，以公募基金为代表的金融产品规模快速增长，成为居民资产配置的重要标的。

目前，我国基金投资者数量已经达到7亿人，公募基金规模突破26万亿元，如何帮助投资者实现财富保值增值、提升投资者获得感是新时代金融机构的重要使命和担当。

中国证券报联合行业机构发布的《中国基金投资者获得感洞察报告》，通过分析不同机构客户投资行为和结果数据，表明投顾服务能够切实地优化客户投资行为和投资结果，提升投资者获得感，解决"基金赚钱、基民不赚钱"的行业痛点，对行业高质量发展具有重要的参考意义。

展望未来，面对财富管理行业的星辰大海，我们要坚持做难而正确的事情，以客户为中心，强化买方中介定位，不断完善顾问服务体系，帮助投资者树立正确的投资理念，提升投资者投资理财体验，让基金成为服务居民财富管理的典范。

开篇寄语

陈天翔
华泰证券执行委员会委员

近年来，中国居民金融资产规模快速增长，财富管理行业发展前景广阔。同时，伴随国内资本市场结构的根本性变化，投资者教育工作持续深入，投资者对综合账户收益、长期投资体验愈加关注和重视。"为投资者财富保值增值，提升投资体验"是财富管理行业之本源，更是财富管理机构发展的方向和目标。

投资者投资体验的提升，一方面依赖于资管机构开展投资管理活动所带来的保值增值，另一方面则受制于投资者自身投资行为。对于金融产品投资方法和能力的研究与判断，行业已有较多探寻和较深入认知。但以买方视角，如何评估投资者交易行为影响，如何规避不利交易行为，如何改善投资交易行为，如何实现投资者、渠道方及资管机构利益一致性，则缺乏具有行业广泛代表性的深入分析和思考。《中国基金投资者获得感洞察报告》整合行业力量，通过对千万级投资者数据收集整理，刻画投资者获得感现状，研究投资者配置行为，为财富管理行业买方转型提供了详实深入的分析。

同时，作为券商行业首批获得基金投顾业务试点资格的机构，华泰证券涨乐省心投立足客户需求，践行"卖方代理"向"买方投顾"转型，以扎实投研为基础，以金融科技赋能，从了解每一位独一无二的投资者开始，通过"人＋平台"的买方服务方式，真正改善投资者配置行为，提升投资获得感。我们愿与行业同仁协同努力，为投资者投资体验提升贡献力量！

开篇寄语

杨小松
南方基金管理股份有限公司总经理

在公募基金从量到质的关键一跃中，一些长期存在的结构性矛盾亟待解决，"基金赚钱基民不赚钱"就是影响"基业长青"的根本性问题之一。2019年，包括南方基金在内的首批基金投顾试点推出，这是资管行业的一次自我革新，是落实资本市场全面深改的关键举措，为解决行业深层次问题提供了重要突破口。

买方投顾不是简单意义上的增量改良，其本质意义是商业模式、发展逻辑的焕新升级，为行业高质量发展提供了战略机遇。买方投顾改变了行业价值链条，客户、投资机构、销售渠道三方利益有望更加一致，从而走向客户获得感切实提升、长期资金持续入市、资管行业健康发展的良性循环。

经过三年实践，内外部有利条件不断积累，买方投顾或已处于快速发展前夜：居民财富配置需求增加、养老第三支柱建设启动，为投顾发展提供了需求基础；首批"种子"客户盈利体验显著改善，认知度不断提升，为投顾发展提供了口碑基础；公募基金种类和数量大为丰富，为投顾发展提供了产品基础；大数据、云计算、机器学习等数智化手段走向成熟，为投顾发展提供了技术基础；基于现代资产组合配置理论衍生出的投研模型与千人千面的客户实际需求充分融合，为投顾发展提供了经验基础。

开篇寄语

　　前景广阔,路径清晰,初心坚定。南方基金希望与行业各方携手合作、各尽所能,通过不断地借鉴、研究、实践,形成符合本土实际的投顾解决方案,让基金投顾真正成为提升居民财产性收入、推动共同富裕的有力工具。

引 言

在资本市场阔步发展的过程中，公募基金以其门槛低、透明度高的优势，成为了广大居民资金入市的主要渠道之一，是公众分享资本市场成长红利，实现财富长期保值增值的重要方式。不过，长期以来，公募基金面临"基金赚钱，基民不赚钱"的痛点。而基金投资顾问试点作为财富管理转型的重要探索，被各方认为是破题的开始。

2019年10月24日，证监会印发《关于做好公开募集证券投资基金投资顾问业务试点工作的通知》，标志着基金投顾业务试点正式开闸。截至2022年10月24日，基金投顾试点已满三年，我国基金投顾业务正步入有序发展的轨道。

从破土发芽到苗壮成长，三年来基金投顾试点机构从5家到60家，投顾组合策略更加丰富，服务客户数量持续增加。同时，各家投顾机构在业务模式、产品策略及顾问服务等方面不断探索创新，基金投顾正成为提升投资者获得感的有效途径之一。

回顾过去三年，基金投顾业务是如何发挥"投"和"顾"的作用的？在投资的时间长河中，是否帮助投资者更好地享受了"时间的玫瑰"，满足了投资者的期待？在跌宕起伏的市场环境下，是否帮助投资者管住了"追涨杀跌"的手，提升了投资者的盈利水平？

第一章 投资者画像分析

尽管投顾用户与公募基金用户有很大程度上重合，但对投顾用户的单独扫描仍然具有意义。他们是谁？来自哪里？有哪些基本特征？他们的投资经验、持仓规模、持仓时间与普通基民相比有哪些异同？我们通过对华泰证券、东方证券、国联证券和南方基金的海量数据，将基金投顾投资者与公募基金投资者的基本特征进行比较分析，进而清晰地描摹投顾用户的群像。

一、投资者的性别、年龄、地域分布

1. 女性更相信专业的力量

从性别来看，公募基金投资者中，性别分布较为均衡，各家呈现不同的特征。但在投顾用户中，女性用户的数量以压倒性优势胜出。

南方基金数据显示，截至 2022 年 6 月 30 日，旗下公募基金用户中，男性占比 53.31%，女性占比为 46.61%，男性用户数量远高于女性用户。国联证券数据也显示，截至 2022 年 6 月 30 日，旗下公募基金用户中，男性占比为 51%，女性占比为 49%。

基金投顾投资者中，女性占比则要明显高于男性。国联证券旗下基金投顾用户中，男性为占比仅有 41%，女性占比为 59%；东方证券旗下基金投顾用户中，男性用户占比 42%，女性占比 58%；华泰证券旗下基金投顾用户中，男性用户占比 49%，女性用户占比 51%。

微妙的性别差异体现出男性和女性之间不同的风险意识，女性风险意识较高，更倾向于以全委的方式投资基金，而男性用户更倾向于自己做出买卖基金决策。

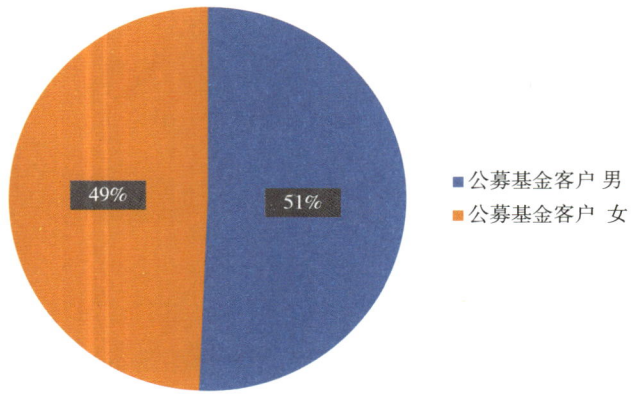

2022 年 4 月 30 日公募基金投资者性别分布

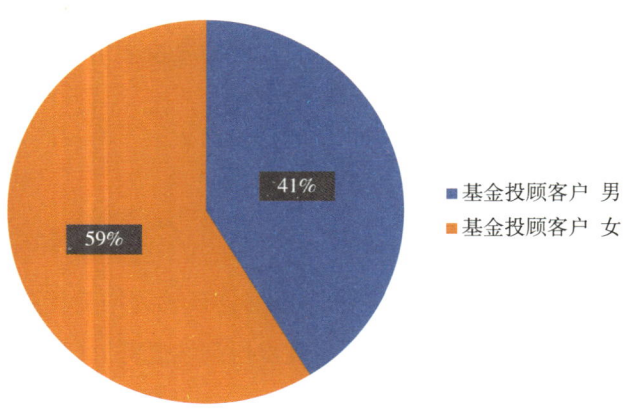

图 1　2022 年 4 月 30 日基金投顾投资者性别分布

数据来源：国联证券

2. 年长者更青睐基金投顾

从年龄分布来看，无论是公募基金还是基金投顾投资，均是 30—40 岁的投资者参与数量最多，因为该年龄阶段的人正"年富力强"，处于劳动价值创造高峰期，投资意识及风险承受能力都比较强。

南方基金数据显示，年龄在 22 岁至 40 岁之间的用户，占据旗下公募基金用户的一半以上，其中，年龄在 30 至 40 岁之间的用户占比高达 36.3%，其次为 22 至 30 岁之间的用户，占比达 23.71%。

对比来看，年轻的投资者更热衷于投资公募基金，随着年龄的增长，投资者更倾向于选择基金投顾。华泰证券数据显示，40 岁以上的基金投顾投资者占比明显高于公募基金投资者，尤其是 50—60、60＋年龄段的基金投顾投资者分别占基金投顾投资者总数的 21.2%、12.7%，而相同年龄段的公募基金投资者占比则为 15.3%、7.2%。与此同时，22—30 岁公募基金投资者占公募基金投资者总量 15.9%，相同年龄段的基金投顾用户只占 10.5%。

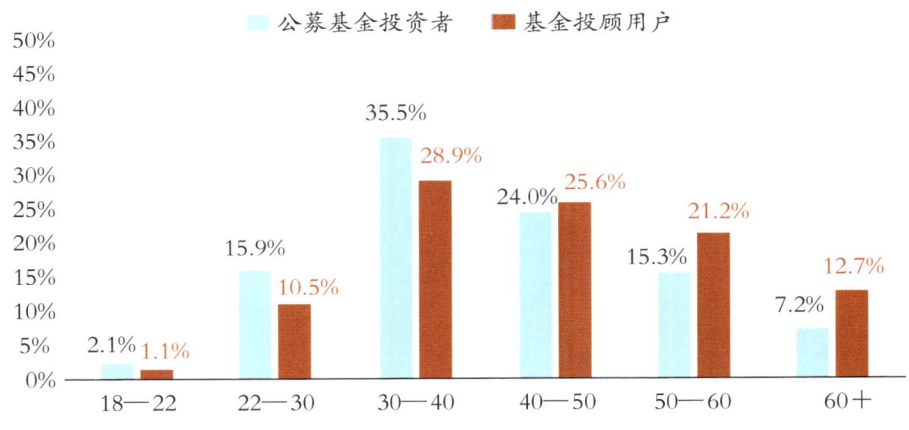

图 2　公募基金投资者 VS 基金投顾用户年龄分布

图片来源：华泰证券

国联证券将投资者的性别和年龄因素相结合调研发现，其公募基金用户中最主要的构成是 21—30 岁男性投资者，占比明显高于其他年龄段，而女性用户在 21—60 岁的各个年龄段分布都比较均匀。

与之相比，基金投顾用户中最主要的构成是 31—40 岁女性投资者，女性投资者中该年龄段的投资者占比明显高于其他年龄段。同样，男性基金投顾投资者也是 31—40 岁年龄段显著高于其他年龄段，但在数量方面远低于女性投资者。

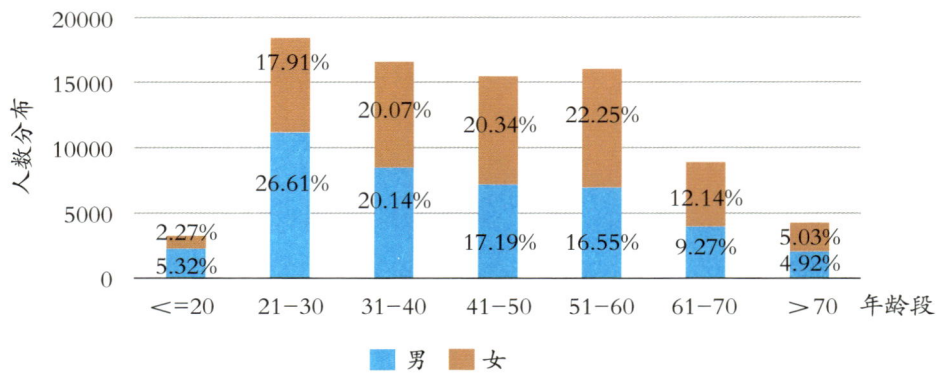

图 3　2022 年 6 月 30 日公募基金投资者年龄及性别分布

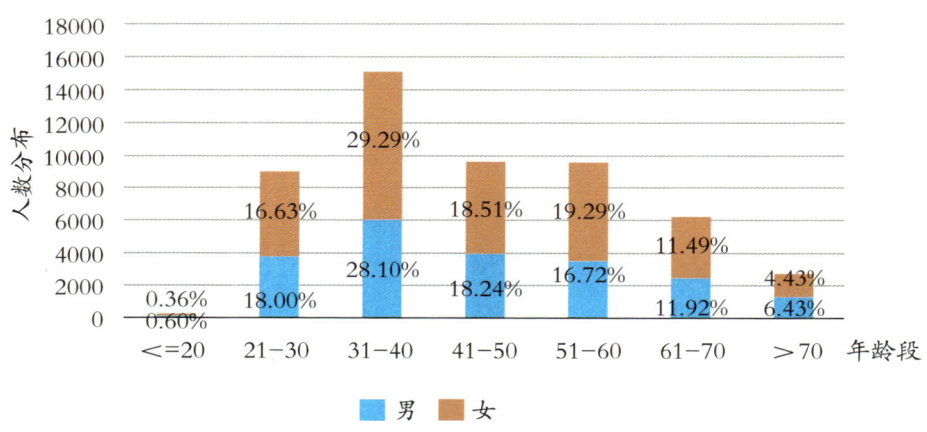

图 4　2022 年 6 月 30 日基金投顾投资者年龄及性别分布

图源：国联证券

3. 人口大省客户多

公募基金与基金投顾投资者在地域分布方面比较一致，主要受金融机构总部位置、地域人口数量、地域经济发展水平等因素影响。

公募基金用户方面，以东方证券为例，该公司总部位于上海，因此上海的基金用户数大幅领先，其次为湖南、浙江、山东、广东、江苏、山西等省份。总部位于深圳的南方基金则是广东用户最多，占比达 14.80%，其次为江苏、浙江、山东、北京、河南，占比分别为 7.93%、7.15%、6.07%、5.5%、5.35%。国联证券的用户地域分布主要集中在江苏省，华泰证券的用户也主要分布在江苏、山东、河南、广东、四川等人口大省和经济发展水平相对较高的省份。

投顾用户方面，同样是一线和新一线城市用户数量占比最高。华泰证券数据显示，旗下基金投顾用户中，一线和新一线城市的用户占比超过六成。

值得关注的是，与公募基金客户相比，投顾客户在二、三、四线城市的占比更高，投顾服务让公募基金更容易"飞入寻常百姓家"，帮助各个区域、不同发达程度的城市居民打开投资理财的新世界。

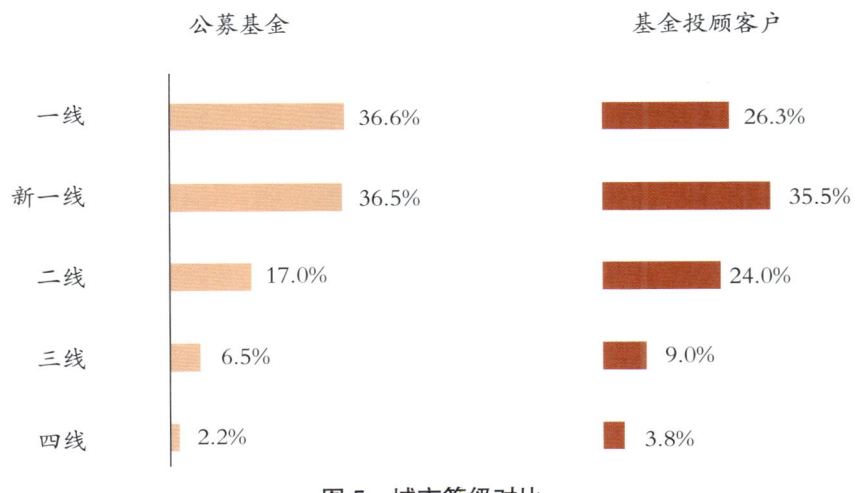

图 5　城市等级对比

图片来源：华泰证券

二、平均持仓时长：投顾用户更偏向长期投资

虽然基金投顾展业仅三年，发展历史远远无法与公募基金相比，但基金投顾用户的平均持仓时间却高于公募基金投资者。以国联证券为例，截至 2022 年 6 月 30 日，该公司基金投顾业务上线两年来，基金投顾用户的平均持仓时间达 524 天，公募基金投资的平均持仓时间则是 255 天，基金投顾持有期高于权益公募持有期两倍多，说明基金投顾投资者相比自己买公募基金的投资者，更偏向长期投资。

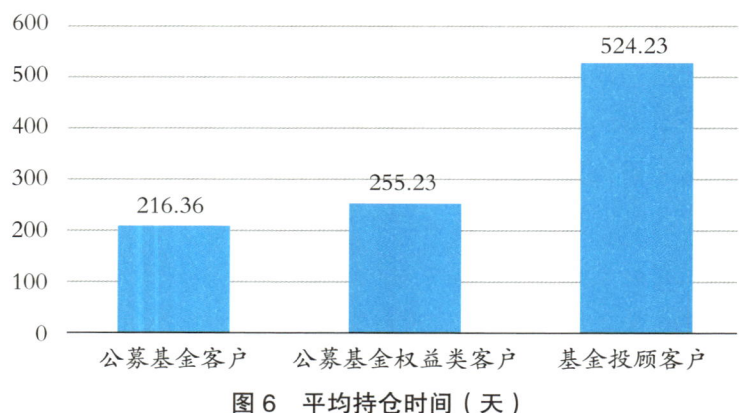

图 6 平均持仓时间（天）

数据来源：国联证券
统计时间截至 2022 年 6 月 30 日

三、平均持仓规模：提升空间未来可期

南方基金数据显示，截至 2022 年 6 月 30 日，基金存量用户中，基金资产在 1000 元至 1 万元区间的占据多数，占比达到 56%，其次为 1 万元至 10 万元区间的用户，占比为 38%，仅有 6% 的用户基金资产超过 10 万元，其中，超过 20 万元的仅有 2%。

表 1 基金存量客户

分 档	2019 年底		2020 年底		2021 年底		2022 年第 2 季度末	
	客户数占比	期末资产相对值	客户数占比	期末资产相对值	客户数占比	期末资产相对值	客户数占比	期末资产相对值
1 千元至 1 万元	58%	100	57%	100	58%	100	56%	100
1 万元至 10 万元	37%	504	36%	510	37%	500	38%	535
10 万元至 20 万元	3%	205	4%	221	3%	211	4%	220
20 万元至 50 万元	2%	220	2%	259	2%	248	2%	255
50 万元至 100 万元	0%	123	0%	149	0%	145	0%	146
100 万元以上	0%	158	0%	216	0%	221	0%	214

数据来源：南方基金

华泰证券数据显示，公募基金和基金投顾投资者的持仓金额都集中于1000—10000元区间，基金投顾策略穿透到底层仍是公募基金，投资者在基金投顾方面更多处于体验和尝试的阶段，未来还有较大空间。

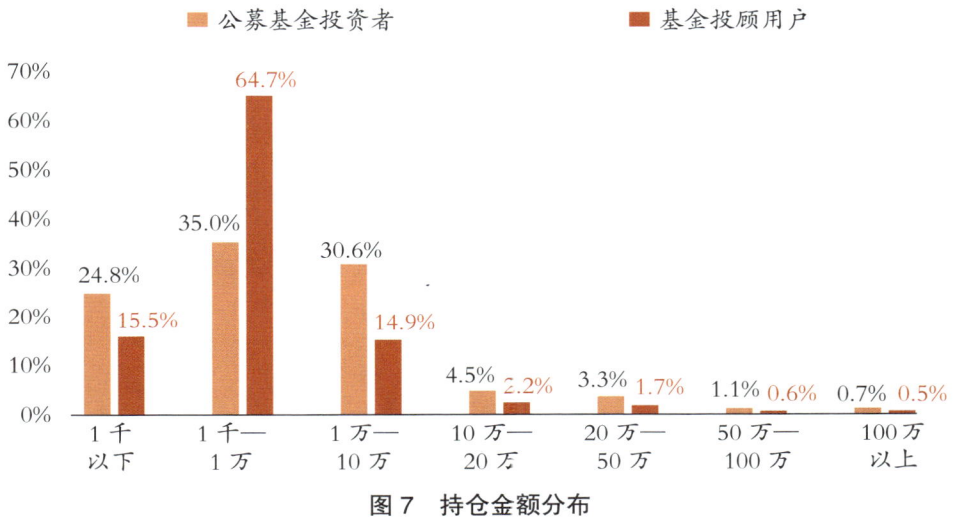

图 7　持仓金额分布

图片来源：华泰证券

四、投资经验分布：投顾用户更"老到"

整体来看，公募基金和基金投顾用户的投资经验大有不同。

公募基金近几年的火热发展使得许多新基民涌入，华泰证券数据显示，旗下超半数公募基金用户投资经验在3年以内，投资经验在5年以上的用户占比约仅占30.4%。反观基金投顾，50%的用户有5年以上投资经验，28.5%的用户有10年以上投资经验，这些用户穿越牛熊、理解投资市场的不确定性、更加认可投顾服务的价值。

东方证券结合性别维度分析了投资者的投资经验，该公司权益类基金投资者投资经验平均在三年以上，其中女性投资者平均投资时间为42.6个月，男性投资者为40.8个月，女性投资者在人数占比和投资经验方面均领先了男性投资者。

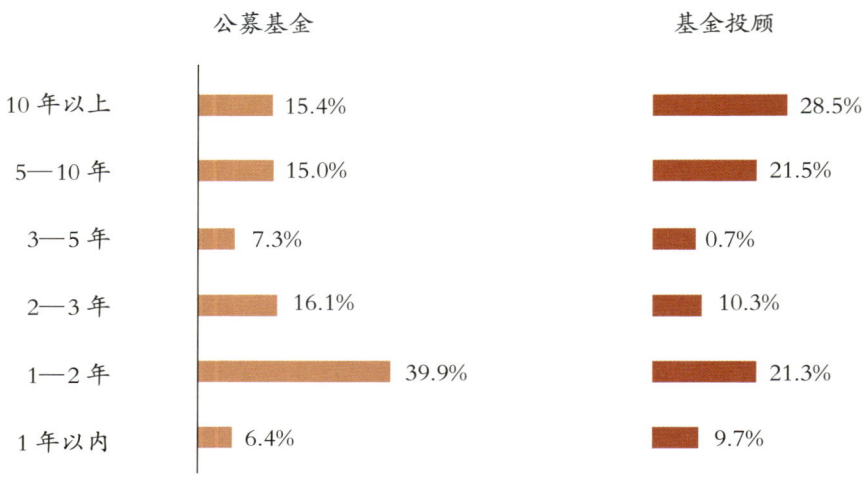

图8 投资年限对比

图源：华泰证券

与传统的基金销售相比，基金投资展业时间相对较短，国联证券旗下基金投顾用户的平均投资年限明显低于权益类公募基金用户。该公司基金投顾用户平均开户年限为5.9年，公募基金用户平均开户年限为6.8年，其中，权益类公募基金用户平均账龄为8.2年。

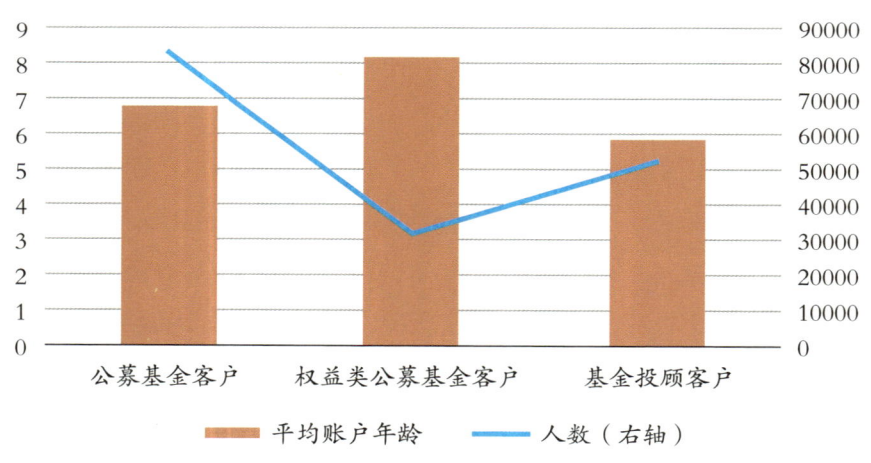

图9 2022年6月30日客户平均账户年龄

图源：国联证券

五、投资者持有基金数量：投顾用户更"多情"

近三年来，随着公募基金行业持续发展，公募基金产品类型多元化发展、产品数量不断增加，投资者平均持有产品的数量也呈现逐步上升趋势，朝着配置多元化迈进。

从不同投顾策略来看，投顾用户普遍持有一种投顾策略，随着时间推进，人均持有投顾策略数量略有上升。根据国联证券数据，2022年上半年市场虽然处于下跌行情，但投资者持有投顾策略数量不降反升，这也意味着基金投顾的大众接受度有所上升，投资者在尝试多种投资策略方面有一定的意愿。

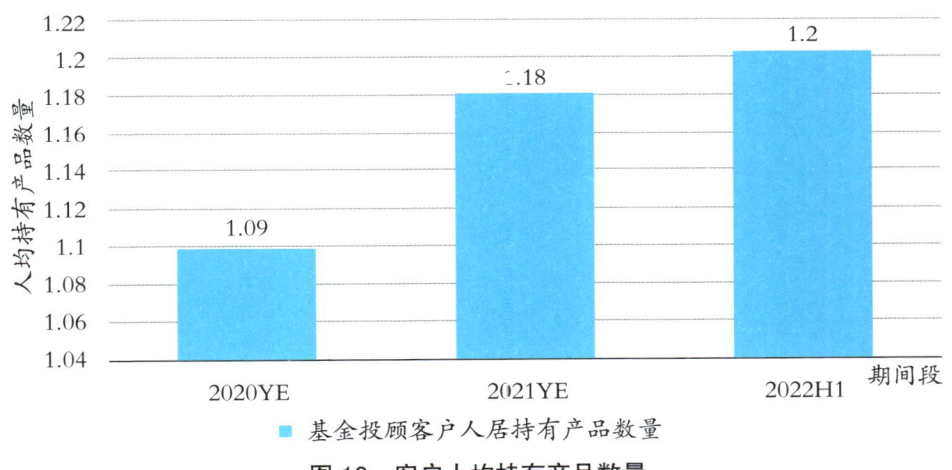

图10　客户人均持有产品数量

图源：国联证券

与公募基金投资者相比，基金投顾投资者持基更加分散，原因是基金投顾穿透到底层是多只基金的组合。据华泰证券统计，该公司基金投顾用户中，有57.4%的用户持有10只以上数量的基金，而公募基金投资者中持有10只以上基金的仅占15.1%。

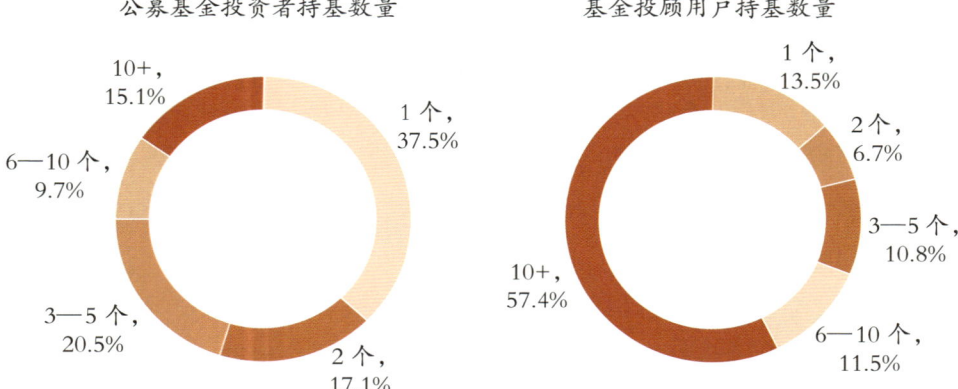

图 11　基金投资者持基数量与基金投顾用户持基数量对比

注：投顾用户持基数量为穿透投顾组合底层策略的口径，投顾组合包含多只基金。

图源：华泰证券

第二章 投资者行为分析

自 2019 年 10 月首批基金投顾试点机构获批以来,基金公司、券商、银行、三方代销机构相继布局,投顾业务如火如荼。站在基金投顾展业三周年之际,我们试图厘清,基金投顾究竟为用户带来了什么?投顾对基金投资收益的提升效果与投资者本身的特征和行为是否有关联?

在这一章,我们将聚焦投顾用户的行为特征,勾勒其行为画像,并通过关联视角,对投顾用户的盈利情况进行扫描。

一、用户分层扫描:基金投顾为不同的用户带来了什么?

1. 投顾用户更能赚钱?

投顾服务帮助用户改善盈利的效果如何?数据不会撒谎,统计发现,在相同时间段内,投顾用户与非货基金用户、权益基金用户相比,均获得了明显的超额收益。

华泰证券统计数据显示,从平均收益率来看,2021 年 7 月至 2022 年 6 月,华泰证券旗下基金投顾用户平均收益率为 0.58%,较旗下公募基金用户高出 4.18 个百分点,基金投顾持有规模超过 1000 元的用户超额收益则更为显著。

从用户盈利占比来看,2021 年 7 月至 2022 年 6 月,华泰证券旗下基金投顾用户的盈利占比为 82.5%,较旗下公募基金用户高出 37.9 个百分点。基金投顾持有规模超过 1000 元的用户超额收益则更为显著。

202206	近一年收益		
	盈利比例	收益率中位数	收益率均值
公募基金投资者	44.6%	−1.26%	−4.08%
基金投顾用户	82.5%	0.49%	0.10%
基金投顾 1000 用户	85.9%	1.31%	0.58%

图 1　投顾用户与公募基金用户收益对比（2021 年 7 月 1 日—2022 年 6 月 30 日）

数据来源：华泰证券

★基金投顾 1000 用户：期末基金投顾授权管理资产达到 1000 元的用户

即使遭遇了 2022 年 4 月末的"惊险"行情，从 2021 年 5 月 1 日至 2022 年 4 月 30 日的数据来看，基金投顾用户的盈利比例和收益率也明显高于公募基金用户。

202204	近一年收益		
	盈利比例	收益率中位数	收益率均值
公募基金投资者	34.3%	−7.62%	−10.17%
基金投顾用户	77.5%	0.58%	−0.93%
基金投顾 1000 用户	78.5%	1.05%	−0.78%

图 2　投顾用户与公募基金用户收益对比（2021 年 5 月 1 日—2022 年 4 月 30 日）

数据来源：华泰证券

★基金投顾 1000 用户：期末基金投顾授权管理资产达到 1000 元的用户

从短期来看，据东方证券统计，2022 年 1 月至 2022 年 6 月，东方证券基金投顾用户盈利占比和平均收益率均高于基金用户。在 2022 年上半年的震荡行情下，仍有 72.3% 的基金投顾用户获得了正收益，投顾用户的平均收益率较基金用户高出 9.88 个百分点。

2. 投顾用户更有耐心?

在近两年的震荡行情中，总有一些用户会清仓离场。他们是遗憾离开，小楼一夜听风雨，还是及时落袋为安，笑看天上云卷云舒？基金投顾用户是否有更优秀的表现？

从亏损离场比例指标来看，基金投顾用户表现优异。南方基金统计数据显示，2021 年 7 月至 2022 年 6 月期间，只有不到 4% 的投顾用户是在亏损时赎回的；对比之下，20% 以上的非货基金用户和权益基金用户选择了在亏损时"割肉"。

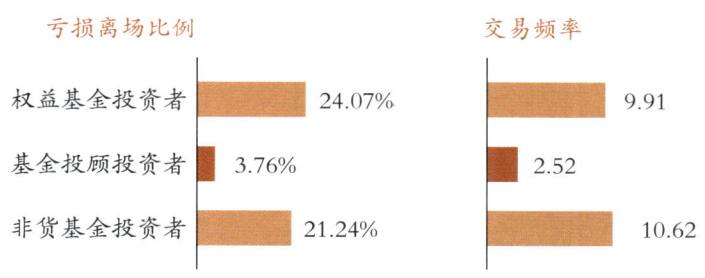

图 3　投资者亏损离场比例与交易频率

数据来源：南方基金

统计时间：2021 年 7 月 1 日至 2022 年 6 月 30 日

　　从交易频率来看，基金投顾用户的交易频率也远低于公募基金用户。华泰证券统计数据显示，约六成的基金投顾用户交易频率不超过 1 次；约三成基金投顾用户交易频率在 1 次到 5 次之间，只有不足一成的基金投顾用户交易频率超过 5 次。其中，超过 20 次的更是不足 1%。

　　对比之下，约两成公募基金用户交易频率不超过 1 次，近一半公募基金用户交易频率在 1 次到 5 次之间，还有约三成公募基金用户交易频率超过 5 次。其中，超过 20 次的用户占 6.9%。基金投顾用户明显更能"管住手"。

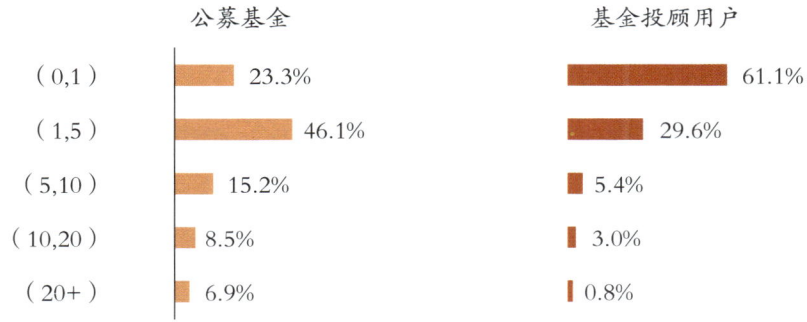

图 4　交易频率对比

数据来源：华泰证券，统计时间 2019 年 7 月 1 日至 2022 年 6 月 30 日

交易频率 = 总买卖次数 /（最后一次买卖日期—首次买入日期）× 365/12

　　从平均持有时长来看，基金投顾用户相比于公募基金用户更偏爱长期持有，更具备投资耐心。国联证券统计数据显示，截至 2022 年 6 月 30 日，基

金投顾用户的平均持仓时间达到 524 天，远超公募基金用户和权益基金用户。

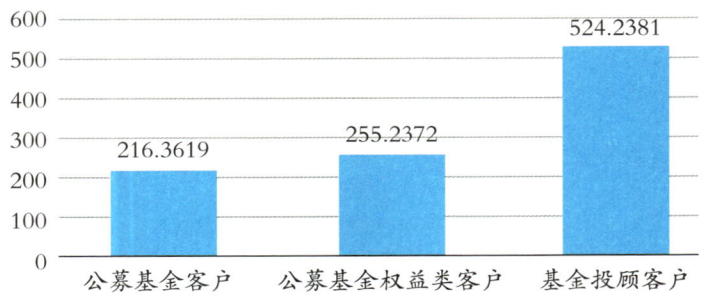

图 5　截止到 2022 年 6 月 30 日平均持仓时间（天）

数据来源：国联证券

3. 姜还是老的辣？

年龄是否是影响投顾用户获得高收益的因素？统计发现，正所谓"姜还是老的辣"，投顾服务中老年用户的盈利改善效果更佳。

据南方基金对 2021 年 7 月至 2022 年 6 月期间投顾用户的盈利情况的统计，随着年龄增长，盈利的投顾用户占比稳步提升。与老年人相比，年轻人还有很大提升空间，60 岁以上的投顾用户盈利占比高达 49.86%，比平均值高出 10.7 个百分点。

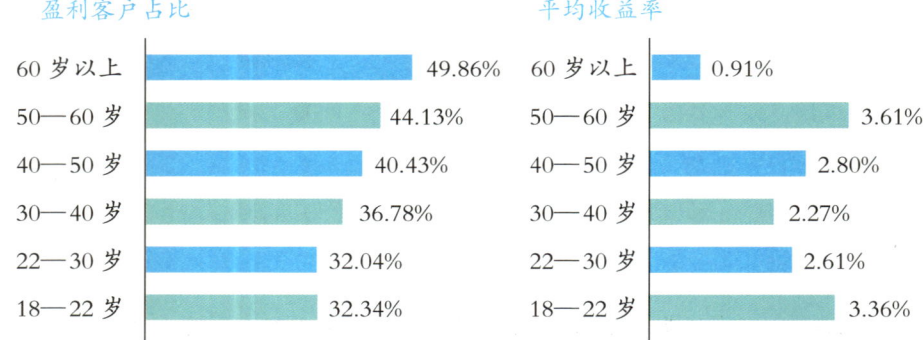

图 6　盈利客户年龄层次与平均收益率

数据来源：南方基金

华泰证券的统计数据也显示，60 岁以上的投顾用户盈利占比高达 87.38%，在所有年龄段的用户中盈利占比最高。

统计时间：2021 年 7 月 1 日至 2022 年 6 月 30 日

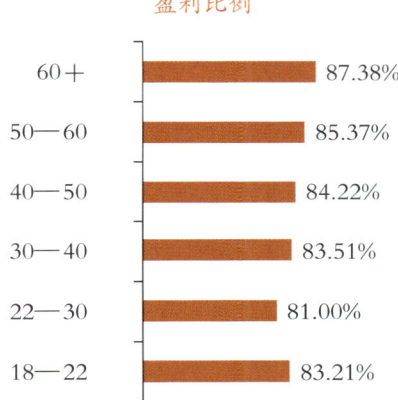

图7 不同年龄段投顾用户盈利比例

数据来源：华泰证券
统计时间：2020年10月至2022年6月30日

从平均收益率来看，年轻人则更胜一筹。南方基金统计数据显示，2021年7月至2022年6月期间，年轻用户的平均收益率明显高于60岁以上用户，这主要是由于老年人投资的风险收益偏好更低。

国联证券的数据也显示，年龄在18—22的用户群体超额收益最大。

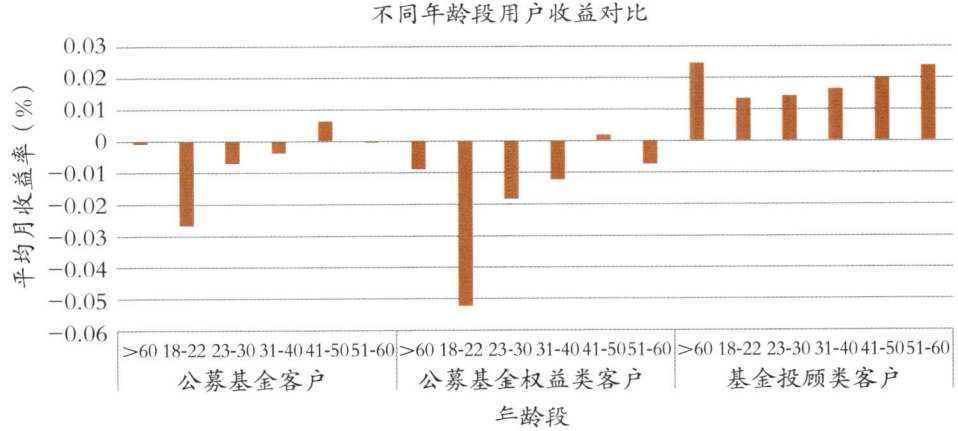

图8 不同年龄段各类用户平均月收益率

数据来源：国联证券

不过，有趣的是，从收益中位数来看，年龄再次成为优势，随着年龄的增长，收益中位数持续上升，其中，60岁以上的老年人收益中位数达到1.65%，比18岁至22岁的用户高出0.3个百分点。考虑到2020年四季度及2021年上半年市场经历大幅调整，风险收益偏好更高的年轻用户，承担的亏损或更高。

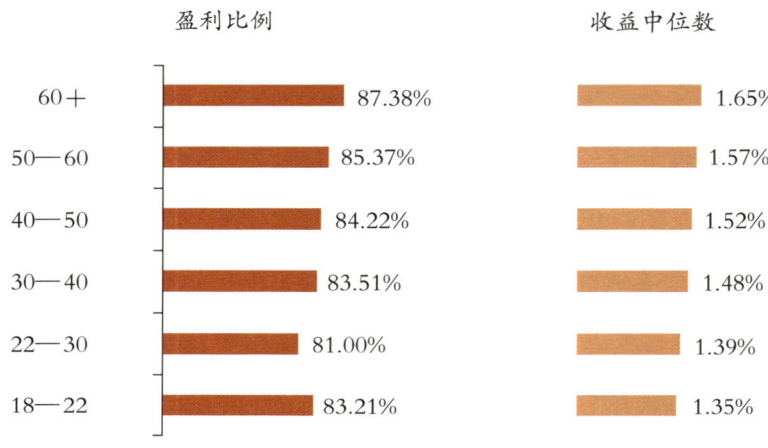

图9　不同年龄段投顾用户收益中位数

数据来源：华泰证券

4. 经验丰富的老基民表现怎样？

更长的投资年限是否有助于投顾用户获取更好的投资收益？统计发现，伴随着用户投资年限增长，经历过牛熊转换，投资经验更为丰富，盈利情况也相对更好。

华泰证券统计数据显示，2020年10月投顾展业以来，至2022年6月30日期间，旗下投顾用户的收益中位数随着投资年限的增长而逐渐上升。其中，拥有十年以上投资经验的用户，收益中位数为1.5%，与投资经验不足一年的用户相比，提升了0.45个百分点。

从盈利比例来看，即使近两年市场持续震荡，拥有十年以上投资经验的用户中，盈利比例仍然高达88.7%；投资经验在1到2年间的用户，盈利比例则为74%。

不过，由于2022市场行情震荡，近一年入场的"新手"用户，盈利比例反而高于投资经验在 1 年到 3 年间的用户。

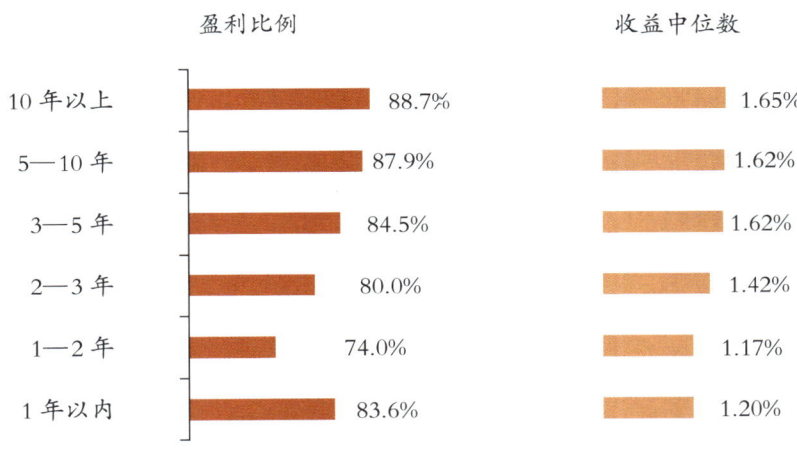

图 10　不同年龄层次盈利比例

数据来源：华泰证券

南方基金的统计数据也显示，从旗下投顾用户 2021 年 7 月至 2022 年 6 月期间的收益情况来看，投资经验与平均收益率呈正相关。

投资者平均收益率方面，经验丰富的老投资者的确占优，开户 2 年以上的基金投顾投资者平均收益率高达 23.35%，而 6 个月以下的用户平均收益率为负值。

而用户盈利占比方面，受到 2022 震荡下行影响，投资经验不足半年的新用户盈利用户占比高于其它用户。

表 1　不同开户年限投顾用户盈利情况

开户年限	2022.6.30	
	盈利客户占比	平均收益率
6 个月以下	48.95%	−1.05%
6—12 个月	21.73%	3.81%
12—24 个月	43.90%	11.39%
24—36 个月	31.06%	23.35%

数据来源：南方基金

5. 男性还是女性？

投顾服务对不同性别用户盈利改善的效果有何不同？在前面第一章中我们提到，基金投顾投资者中女性占比则明显高于男性，而从盈利情况来看，选取不同时间期限来看，可谓"梅须逊雪三分白，雪却输梅一段香"，各有千秋。

从半年的时间维度来看，东方证券统计数据显示，2022年1月至2022年6月期间，女性投资者的盈利占比和平均收益率均高于男性投资者，其中，女性投资者盈利占比比男性高出4.9个百分点，平均收益率比男性高出0.57个百分点。

表2 不同性别的投顾用户盈利情况

用户分类	性别	盈利用户占比	平均收益率
基金投顾用户	女	74.3%	1.39%
基金投顾用户	男	69.4%	0.82%

数据来源：东方证券

从一年的时间维度来看，南方基金统计的数据显示，2021年7月至2022年6月期间，投顾用户中女性投资者的盈利占比为41.8%，而男性投资者盈利占比只有36.6%，女性用户盈利的占比较男性高出5.2个百分点。但平均收益率上，男性投资者还是胜出，平均收益率较女性高出0.89个百分点。

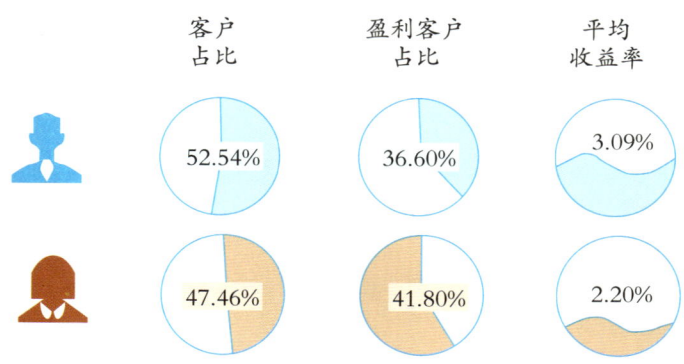

图11 不同性别投资者盈利情况

数据来源：南方基金

时间再拉长一些，则出现了相反的情况。华泰证券统计的数据显示，从

2020年10月至2022年6月30日期间,男性投资者的盈利占比和收益中位数均高于女性投资者,其中,男性投资者盈利占比比女性高出2.3个百分点,收益中位数比女性高出0.07个百分点。

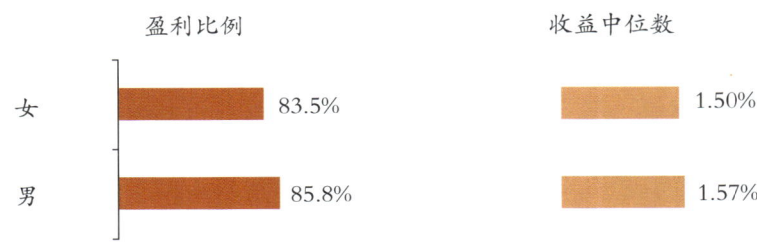

图12　不同性别盈利比例

数据来源:华泰证券

通过前文的数据分析,可以看出,投顾服务有效地提升了基金投资者的盈利情况。我们整理出对投顾用户收益产生影响的行为清单,发现长期持有、更丰富的投资经验,均有利于投顾用户获取更高的收益,而投顾服务在"管住手"这一环节发挥了重要作用,通过组合本身的适时调仓和有温度的陪伴,有效地帮助投资者保持耐心,降低交易频率,拉长持有时间,从而提升盈利水平。

在不同人群的比较中,我们发现,年龄、性别等人口统计学因素也对投顾用户的收益情况产生了一定影响,年长的投顾用户在盈利人数占比和平均收益率上都取得了更好的成绩;在不同的市场环境和时间段内,男性和女性投顾用户的收益情况各有千秋。

二、投资者数据关联视角:什么决定了投顾用户的盈亏?

1. 买卖时点与市场点位的关系:投顾用户能够逆向投资吗?

为什么我们常说"基金赚钱,基民不赚钱"?核心原因在于很多用户在交易时容易受到市场行情和情绪的影响,追涨杀跌。市场时常变化,市场情绪也会随之改变。但我们经常看到,市场价格上涨时,很多人显示出乐观的情绪,甚至有时演变成狂热,然后一哄而上;而当市场价格下落时,又陷入悲观低迷,甚至匆匆离场,留下一地鸡毛。

基金投顾发展的初衷就是做好维护投资者利益的买方投顾，为用户提供基金理财规划服务，帮助投资者避免追涨杀跌的错误行为。展业三年来，在起起伏伏的A股市场，基金投顾能否有助于用户逆向投资？我们可以从南方基金和华泰证券的统计数据中找到答案。

从2020年初到2021年末，上证指数一直处于震荡上行走势，自2022年年初起便开启震荡走弱的行情。相较之下，投顾用户的申购金额并没有受市场行情的疲软而下降，而是继续保持大幅增长。

南方基金数据显示，自2019年下半年以来，投顾用户的申购金额持续增长，2022年上半年用户购买投顾的金额已经是2021年下半年的1.76倍，是2021年上半年的3.22倍，是2020年上半年的13.6倍。

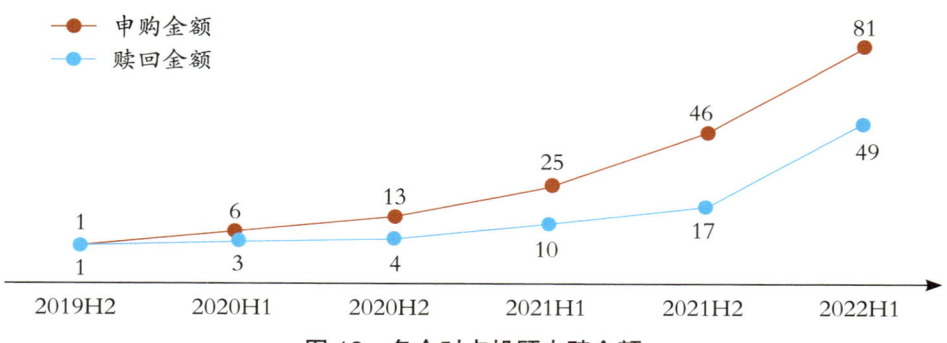

图13　各个时点投顾申赎金额

数据来源：南方基金

说明：数据为相对值，以2019H2为基准

可见，市场对于投顾的需求较为强烈，也在一定程度上说明投顾用户敢于逆向投资。

我们可以通过华泰证券的数据更具体地演绎这一结论：在2021年9月至11月，上证指数从3656.22跌至3533.30，但在此期间用户对权益基金投顾策略的申购热情并没有受到影响，申购远多于赎回、且形成了越跌越买的趋势。

在2022年1月至3月，行情下跌明显，市场热情减退，用户的申购和赎回情况均有所收缩，但可以看到，在2022年4月底区间最低点时，依然有较多申购资金强势抄底买入。在2022年5月至6月的回调行情，申购赎回活跃度较大跌时虽有所回升，但和历史申购水平相比依旧较为谨慎，基金投顾重保有、轻销售的展业方式一定程度上改善了投资者盲目追涨的行为。

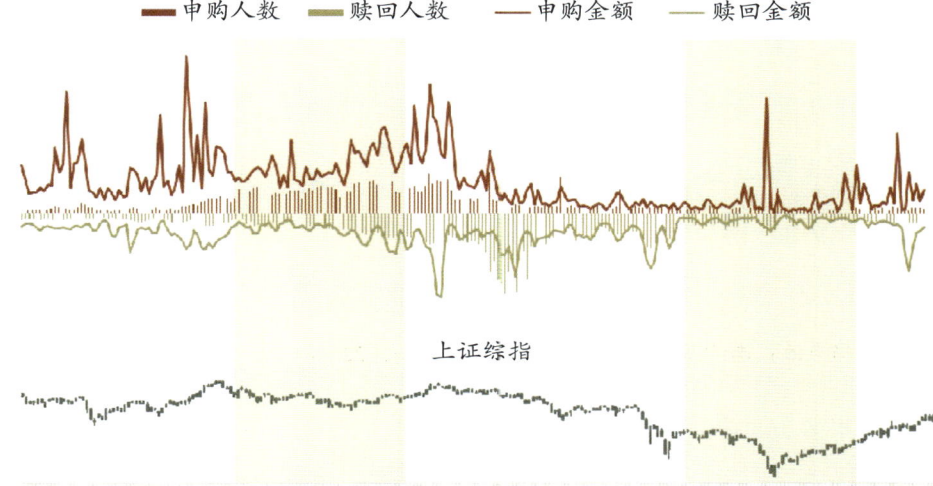

图 14　代表权益投顾组合客户申购赎回

图源：华泰证券

整体上看，虽然用户申赎的活跃度会受到市场行情的影响，但基金投顾用户展现出能够在下跌行情下申购或补仓、在上涨回调行情下谨慎追涨等逆向投资的特质。而且从后验数据看，不追涨确实避免了在后续下跌行情下的损失。

当然，这离不开各家机构在行情低迷的时候，在"顾"上所做的各种努力和尝试。我们相信，随着用户投资行为不断得到优化，逆向投资的理念将会被更多投资者接受，正所谓"守得明月见日开，拨开云雾见月明"。

2. 持有时长与盈利情况的关联：投顾用户也需要长跑？

长期投资是帮助投顾用户提高收益的一剂良药吗？

数据回答我们：是的！投资者持有时长与平均收益率之间存在高度正相关。

南方基金数据显示，2019 年 11 月至 2022 年 6 月，在盈利的用户群体中，有 42.18% 的用户持有产品时长为 12—24 个月，他们的平均收益率为 17.46%，远高于持有产品时长为 6—12 个月和 3—6 个月的用户，后两者的平均收益率分别为 4.18% 和 1.71%。当然，要想赚得多，还得拿得久。31.93%

的盈利用户持有产品时长为 24—36 个月，他们的平均收益率最高为 34.84%。

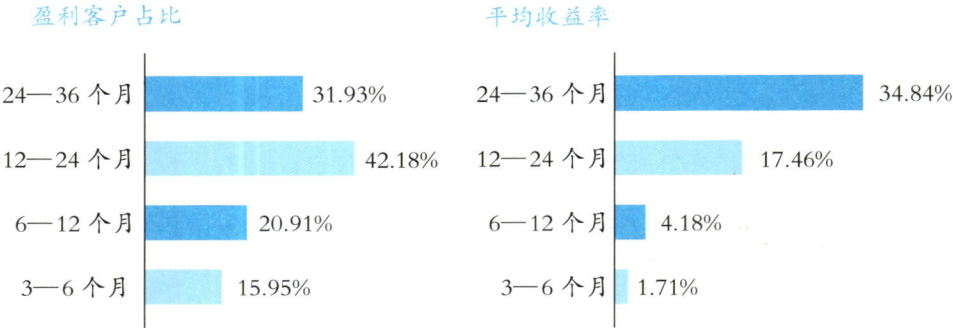

图 15　持有时长与盈利情况

数据来源：南方基金，统计区间：2019.11—2022.06

国联证券的数据也与上述结论相互验证。截至 2022 年 6 月 30 日，持有时间在 2—3 年的用户盈利概率显著高于持有两年以下的用户。

由此可见，投顾持有时间越长，盈利的"后劲"越大。只有在此起彼伏的市场中坚持长跑，才能有更大概率实现盈利，并实现更高的投资收益率。

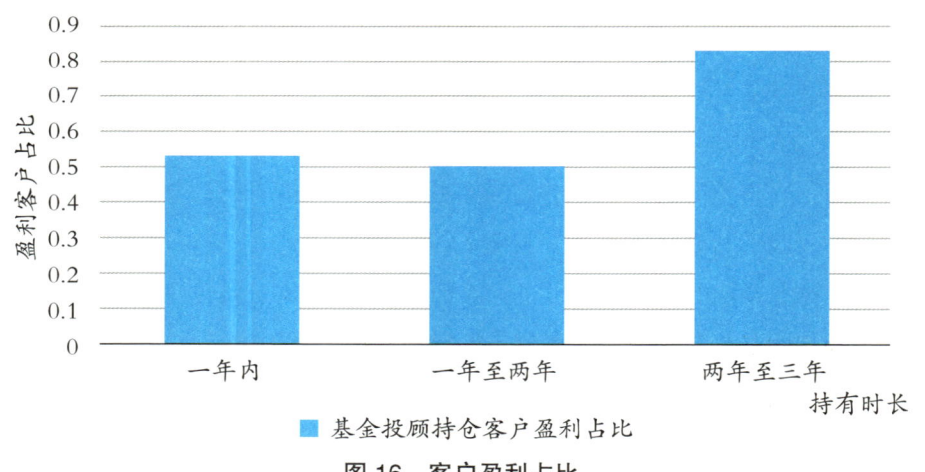

图 16　客户盈利占比

数据来源：国联证券

3. 持仓规模与持有时长的关联：投入越大其实反而越有耐心吗？

本钱投得多，越能坐得住？

华泰证券比较了近一年和近半年不同资产规模权益类基金投顾用户在持仓天数上的差异。数据显示，2021 年 7 月至 2022 年 6 月，投入金额超过 100 万的用户平均持仓天数最多，为 267 天；其次是投入金额 1 万—10 万、10 万—20 万的用户，平均持仓天数分别为 266 天、265 天。

对比之下，投入 1 千元以下的用户平均持仓仅 78 天，持仓天数远低于其他资产段用户，究其背后原因，这类用户或者是抱着试试看的心态在市场"小试牛刀"，策略的短期波动比较容易影响这类客户的持有信心。

随着基金投顾的发展，策略结构和顾问服务在不断完善，绝大多数用户的平均持仓时间也越来越长。以 2021 年下半年和 2022 年上半年的数据为例，同样是半年的区间，2022 年上半年各资产段的用户平均持仓天数差异并不大，基本维持在 160 天左右。相比于 2021 年下半年不到 150 天的平均持仓天数，2022 年上半年各资产段客户的区间持有天数均有明显的增长，基金投顾重视陪伴、经营信任的顾问服务模式初见成效。

综合来看，1 万元似乎是一个分水岭，无论是近一年还是近半年的数据都显示，当投入金额达到 1 万元以上时，各资产段的用户平均持仓天数并没有很大差异，这进一步说明基金投顾并非高净值用户专有，它同样适用于大众用户。

表 3　不同持仓规模的投顾用户平均持仓天数

投入金额	2021.07—2022.06 平均持仓天数	2021H2	2022H1
1 千以下	78	45	138
0.1 万—1 万	252	140	152
1 万—10 万	266	150	161
10 万—20 万	265	150	162
20 万—50 万	261	149	162
50 万—100 万	260	146	158
100 万+	267	149	154

区间平均持仓天数为：区间开始时有持仓客户在区间内的平均持仓天数，投入金额为区间初始持仓金额

数据来源：华泰证券

很多投资者或许会有这样一种感受——有钱人更容易赚钱。实际上，这是一种典型的"幸存者偏差"，通过以上数据，我们也可以发现，基金投顾并非高净值用户所有，也并非投入金额越高越赚钱。投入金额相对较高的人，只是从概率上持有产品时间更长，所以他们才更大概率获得可观的回报。但归根结底，收益还是来自于时间的回馈，而非高额投入。

当然，也不可否认，同样的持仓时长下，相对高额的资金投入会得到更多的财富回报，但这就好比"先有鸡还是先有蛋"这个哲学问题，财富增长难以一蹴而就，都是从投出去的第一笔资金开始慢慢积累的。大部分人都是普通投资者，我们所能做的，就是根据自己的财务能力和风险应对能力，量力而为，哪怕是从一千块、两千块开始投资，只要合理规划，长期投资，时间自然会奖赏我们财富的"玫瑰"，这才是大部分普通人积累财富的"正确打开方式"。

4. 盈亏情况与复购行为的关联：盈利用户是否更倾向于复购？亏损的人清仓比例高吗？

时代大潮起起伏伏，股市亦不会直线上扬，而是在波动中长期增长。基金与股市高度相关，因此盈亏是常态，而成熟的投资者懂得不在市场低点离开，就像巴菲特那样，"在别人恐惧时贪婪"。那么，在投顾用户中，亏损的人清仓比例究竟高不高？盈利的群体是否更倾向于复购？

我们先来看一看投顾用户的亏损与清仓之间有什么联系。华泰证券选取了代表权益基金策略每月出现亏损的用户和每月清仓的用户进行比较分析。数据显示，亏损清仓行为或与市场行情相关。2021年7月至2022年6月，这一年里，亏损用户平均每月清仓比例为4.5%，可见亏损后离场的用户并不多，甚至远远低于预期，说明用户在亏损时依然保有长期持有的心态。

权益类基金投顾策略中，约70%的资金来源于复购。相较于清仓，亏损客户中往往复购客户更多。近12个月的亏损客户中，有9个月复购用户均多于清仓客户。行情下跌时补仓有利降低策略和基金的持有成本，在后续业绩上行时获得更加丰厚的收益和更良好的投资体验。

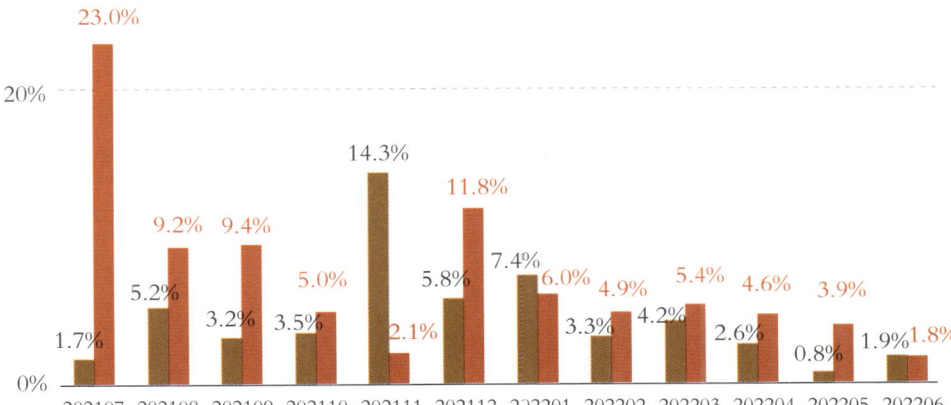

图 17 亏损客户离场和复购

每月亏损客户口径：累计收益出现亏损，月末时为亏损状态，若月末无持仓则为清仓
数据来源：华泰证券

再来看盈利用户的复购行为。华泰证券数据显示，在代表权益基金投顾策略上，2021年7月至2022年6月，每月盈利的投顾用户中平均复购比例为6.3%。

其中，在2022年4月底至6月市场触底反弹时，随着盈利情况好转，盈利用户中复购比例从4月底的0.1%骤升至6月份的20.4%。由此可见持仓的盈亏情况会影响到用户的复购行为，当用户尝到投资的甜头时才会更有动力继续追加。

南方基金的数据更具体地展示了投顾用户的复投情况。数据显示，投顾投资者的复投率长期在60%以上，且高峰值一度达到87%。

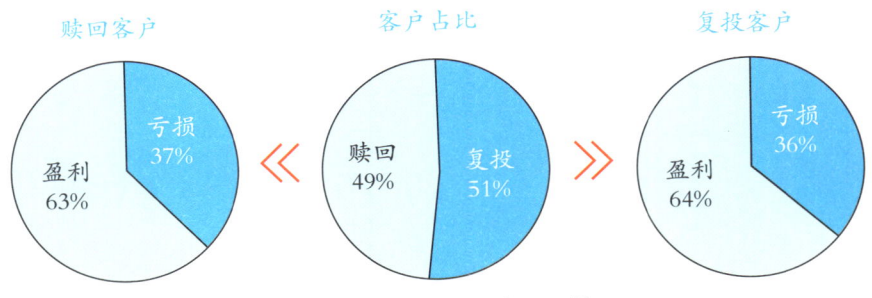

图 18 复投及赎回客户盈亏情况

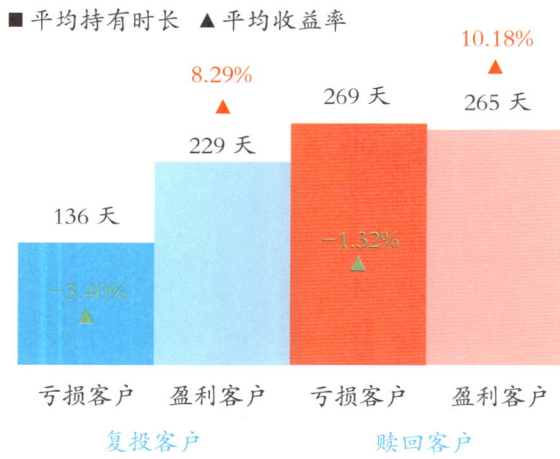

续图 18 复投及赎回客户盈亏情况

数据来源：南方基金

复投用户最后的效果如何？数据给出的答案是，复投用户中盈利用户的占比是亏损用户的 1.78 倍，也因为持有时间更长，所以平均收益率也远高于亏损用户：复投用户中盈利用户的平均持有时长为 229.09 天，远高于亏损用户的 136.61 天，前者的平均收益率为 8.29%，远高于后者的 −3.4%。

赎回用户中，盈利用户的数量是亏损用户的 1.69 倍。盈利投资者平均收益率达到 10.18%。落袋为安也是一种好的投资思路，但要尽量避免追涨杀跌。

总的来说，通过观察盈亏情况与复购行为之间的联系，我们再次印证了前文的道理，即时间会奖赏长期投资者。暂时忘记账户密码，把更多的时间留给家人，也不失为一种智慧。有时候，适度"躺平"的效果反而出乎想象。

第三章　投顾机构的投研力量

一、外引与内建：投研团队构建差异

我国财富管理行业正处于由"产品驱动"向"客户驱动"、由"卖方模式"向"买方模式"、由同质化竞争向差异化竞争的转变时期。对于持牌基金投顾机构而言，高质量的资产配置既需要"自上而下"制定投资策略，也需要"自下而上"优选基金品种，并对组合进行动态调整。

针对财富管理业务的需求，基金投顾业务要求我们在资产管理的基础上，设计有针对性的解决方案。在这一过程中，合理的基金投研架构是基金投顾"七分顾、三分投"的基础和根本。目前持有基金投顾牌照的机构共计4类：证券公司、基金公司或其子公司、三方销售机构以及商业银行，其中证券公司29家，基金公司或其子公司24家，三方销售机构3家，以及商业银行3家。

从投研团队架构来看，证券公司、基金公司和三方销售机构对投研团队的构建思路存在一定差异。其中，三方销售机构包括盈米基金、蚂蚁基金和腾安基金，主要依托于原有的产品研究团队、以引入外部策略为主。基金公司和证券公司基本都有自建的基金投研团队。基金公司的基金投顾策略研发团队多数从属于或倚重于FOF（基金中基金）投资部门，但在合规尺度上做到一定隔离，以类似FOF产品研发的方式给合作渠道输出相应的基金投顾策略。证券公司的基金投顾策略研发团队多数从属于财富管理部门，以类似顾问服务的方式为自有渠道的财富客户提供基金投顾服务。

二、从建库到下单：投顾策略实施流程

按照监管规定，为基金投顾业务专门创设的基金投资顾问业务投资决策委员会（以下简称"基金投顾投决会"）是各家持牌投顾机构的投资决策流程核心，也是基金备选库构建和策略研发的最高决策机构。基金投顾投决会成员一般包括基金研究/准入部门、基金投顾策略研发部门以及基金投顾业务推广/销售部门，合规和风控相关部门也会参与其中。我们抽样调研的统计结果显示，在公募基金公司，基金投顾投决会主席一般由公司相关投资部门负责人担任；在证券公司，一般由财富管理业务负责人或分管财富的公司领导担任；少数持牌机构（如国联证券）为了协调更多资源配合基金投顾业务，基金投顾投决会由公司总裁担任。

一般而言，基金投顾策略研发和实施路径遵循下图流程：独立于策略团队的研究团队先构建基金备选库，再由策略团队基于资产配置框架从备选库中挑选基金生成投顾策略，经基金投顾投决会审批之后由投顾主理人在投顾系统中下单交易，交易过程需要交易团队配置参数后在系统中执行。

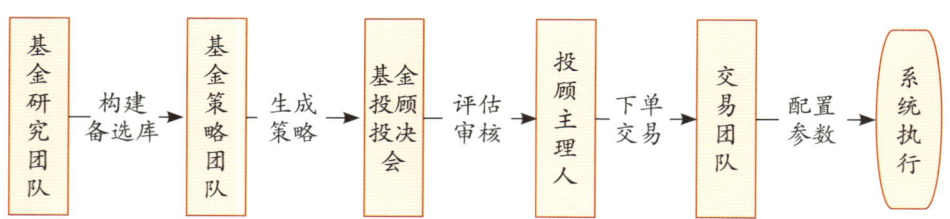

图 1　投顾策略实施流程

数据来源：国联证券

未来，为客户提供个性化解决方案和陪伴型顾问服务，即"七分顾，三分投"，这对基金投顾投研流程提出了更高的要求。当前各家持牌机构对"分布式投顾""建议型投顾"都做了新研究和探讨。这两类新型基金投顾服务模

式都要求总部投研团队进一步严格把控基金出入备选池以及配置方案的多样化研发。财富管理行业的市场足够大，仅依靠少量策略研发和资产配置方案，不匹配合适的场景化、个性化顾问服务，对把握财富管理转型的方向并不能起到帮助作用；仅依靠总部上传下效，不激发分支投顾队伍的创造性、积极性和责任心，对财富管理转型的实践亦无法起到推动效果。

三、"以顾定投"的资产配置法则

从基金组合的资产配置逻辑来看，基金投顾组合在投资层面和公募 FOF（基金中基金）很相似。然而，我们统计了来源于天天基金网和国联证券合作渠道共 313 个基金投顾策略相关业绩，并与 WIND 数据库公开数据的 309 个公募 FOF 基金进行对比发现，两类基金组合在以下方面存在较大的差异：

第一，基金投顾组合业绩弹性弱于同类公募 FOF。从图表 1 来看，我们将 500 多个基金组合按照仓位中枢分为不同风险收益特征的 4 档策略。在今年权益市场下行的大背景下，除最高波动的组合以外，同一风险收益特征的基金投顾组合收益率要比公募 FOF 具备更好的抗跌性。但是在今年 5 月—8 月的市场反弹区间内公募 FOF 净值涨幅明显强于基金投顾组合收益率。

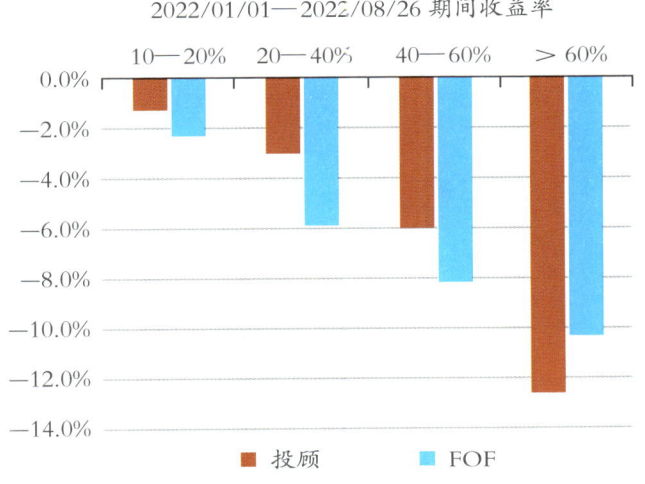

图 2　基金投顾与公募 FOF 平均收益率

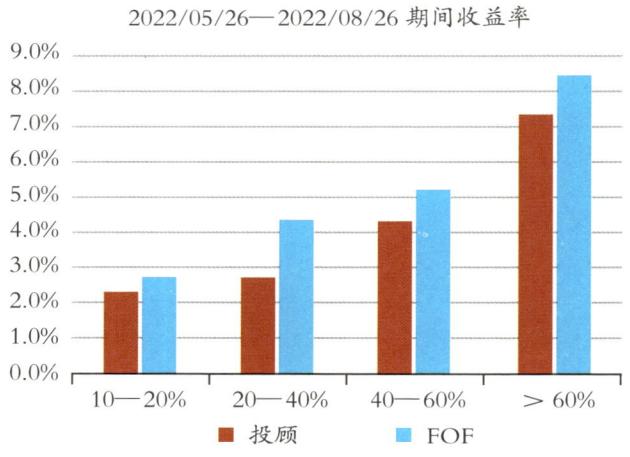

续图2 基金投顾与公募FOF平均收益率

数据来源：天天基金网、WIND数据库，国联证券整理.

第二，基金投顾组合换手率明显弱于公募FOF。如图表2所示，我们统计了天天基金网上最近半年持仓发生变化的11家持牌机构旗下的28个基金投顾组合，对比66家公募基金管理人所管理的206只公募FOF，可以发现，基金投顾年中持仓与去年底持仓相比，平均持仓调整比例（单边计算）为10%。同期公募FOF平均持仓调整比例为39%。对比持仓基金调整幅度的最低值和最高值，能明显发现基金投顾组合持仓变动频繁程度和变动幅度远远小于公募FOF持仓，这与监管要求公募基金投顾（单边）年化换手率不得超

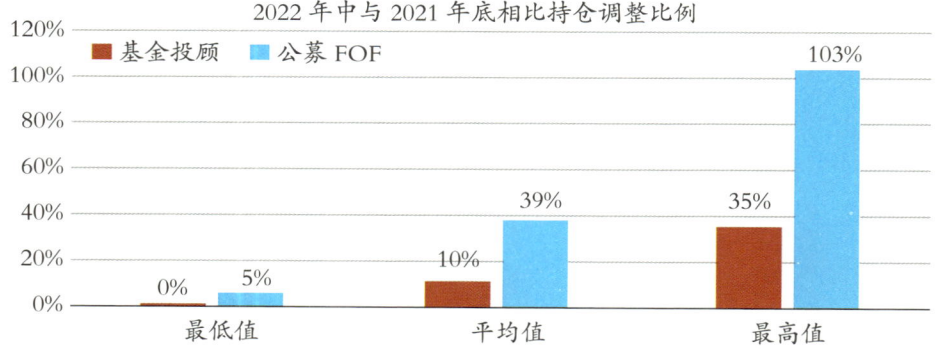

图3 基金投顾和公募FOF调仓积极性对比

数据来源：天天基金网、WIND数据库，国联证券整理.

过200%相关。以此来看，监管要求对基金投顾的资产配置逻辑也产生了深刻的影响，基金投顾组合比公募FOF的持仓会更加长期和稳定。

第三，二者在配置法则的基础要求上即存在根本性的差异。公募FOF往往单纯把基金组合作为独立完整的产品进行销售，顾问服务属性稍显疲弱；而基金投顾业务强调"七分顾、三分投"，对于基金投顾来说，做好策略的收益，仅仅是第一步，基金买方投顾更为重要的本职工作，是将良好的策略收益转化成为客户账户上的收益，切切实实的为客户赚钱，让客户真正分享到基金净值增长所带来的收益。相比传统的公募FOF，基金投顾策略在考核上更加关注复投率、客户盈利比例等指标。更关注策略收益率的稳定度、回撤控制能力和创新高速度，但对纯粹的收益率关注度稍弱一些。

第四，在考核机制的设定上，基金投顾业务相关机构应当以客户资产规模、产品保有规模为主，引导机构与客户建立长期的利益关系，并探索将投资人的长期投资收益纳入机构和投资顾问的绩效考核体系。同时，要不断完善针对客户的收费和服务模式，探索基于客户资产规模收费、客户长期投资收益收费、固定年费制、按服务时长收费等形式，建立长期化的价值导向。

除了更有侧重点的配置研究以外，不少投顾机构为基金投顾投研体系采购或自研了资产配置系统，重点解决不同渠道策略组合构建、业绩归因和持仓基金穿透跟踪的高效、精准分析的功能。这些系统将初步解决策略个性化定制和每日跟踪的难题，也为未来发展"分布式投顾"、"建议型投顾业务"打下坚实的基础。

四、选基不易：投顾持仓法则

投顾机构投研团队不止用单纯使用指数或指数基金构建组合，还会综合考虑基金公司、基金经理和产品业绩，选择更高投资性价比、更稳定收益的公募基金构建为基金备选池。

从组合持仓基金分散度来看，天天基金网最近9个月公布的76个基金投顾组合持仓显示，基金投顾组合与同期公募 FOF 相比，持仓基金数量相对更少。每个基金投顾组合平均持仓 16 只基金，不到公募 FOF 平均持仓基金数量的一半。这是由于基金投顾是基于独立的客户投顾账户帮助客户下单申赎基金，系统运营难度比较大、效率相对低，直接带来组合配置基金数量无法过于分散。这就再次对组合筛选基金的精准度、稳健性提出了更高的要求。

从组合持仓基金丰富度来看，指数基金和 QDII 基金已经成为公募 FOF 的标准配置工具。2021 年年末以来，有 80% 的公募 FOF 配置了指数基金，34% 的公募 FOF 配置了 QDII 基金。然而，这两类基金在基金投顾组合内配置的普遍程度要少很多。从天天基金今年公布持仓的 76 个基金投顾来看，只有 18% 的基金投顾组合配置了指数基金，4% 的基金投顾组合配置了 QDII 基金。相比配置主动基金，投资指数基金需要更灵活、更频繁的轮动配置交易，这在换手率上限为年化 200% 的基金投顾业务中未免稍显奢侈。而 QDII 基金在代销系统内的申赎效率远远弱于非 QDII 基金，且 QDII 基金频频限购的现状也无助于基金投顾业务的稳定推广。因此，基金投顾业务"七分顾、三分投"、面向个人客户账户体系的特征，已经深刻影响到其投研团队配置范围。

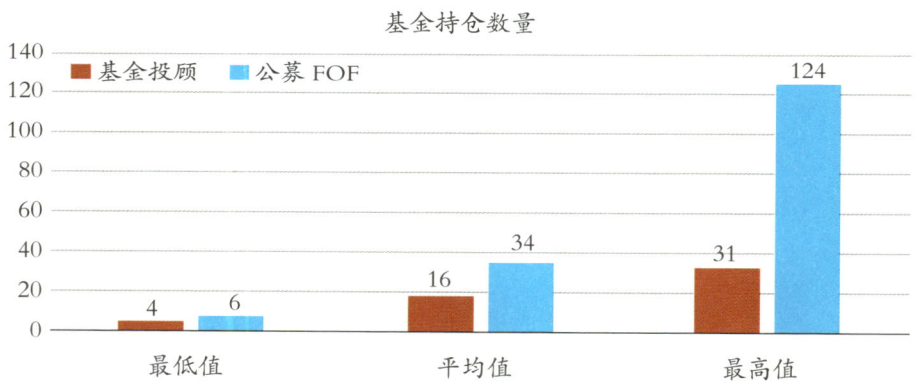

图 4 基金投顾与公募 FOF 持仓基金数量

数据来源：天天基金网、WIND 数据库，国联证券整理。

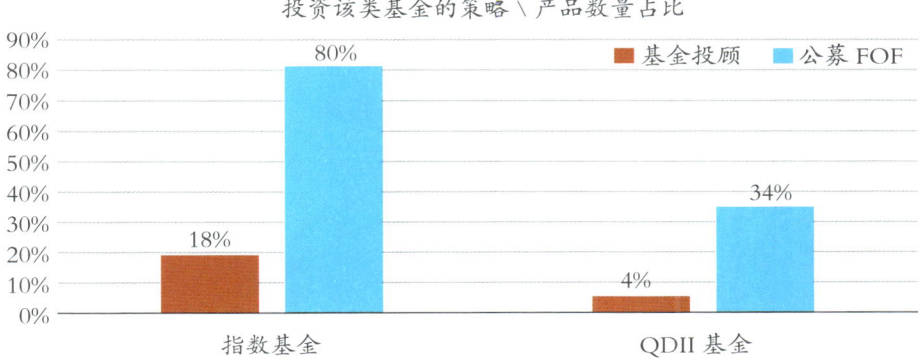

图 5　投资指数或 QDII 的基金投顾与公募 FOF 数量占比

数据来源：天天基金网、WIND 数据库，国联证券整理

放眼整个公募基金行业，最近 3 年在监管长期持续的鼓励下，公募基金产品创新层出不穷，公募 REITs 基金、"双创"板块主题基金、同业存单基金、滚动持有期基金都越来越受到广大基金投资者的重视。然而，基金投顾能够参与配置的创新型公募基金不多，其中，公募 REITs 基金由于是场内基金而无法被基金投顾策略配置；同业存单基金和滚动持有期基金虽然具备相对更稳定的风险收益特征，但都因为流动性受限也几乎不可能在基金投顾策略内持有。

另外，全市场专注于投资二级市场的私募基金管理人超过 8000 家，管理规模占全市场金融产品规模的比例也从 2014 年的 3.6% 达到了 2020 年的 13.8%。相较于公募基金，不少私募基金与宽基指数的相关性更低、风险收益比相对更高。基金投顾业务目前只能配置公募基金，且仅仅限于场外开放品种，在一定程度上限制了为客户做好更广泛、更体系化的资产配置和基金优选。

五、基金投顾演化升级之策

基金投顾业务虽然强调"七分顾、三分投"，但好的基金投研体系和策略设计逻辑是优质顾问服务的基础。"皮之不存，毛将焉附？"为了做大、做好基金投顾业务，我们梳理基金投顾业务中需要投研体系完善的问题，建议未来基金投顾业务在投研方面可以有如下升级，包括：

1. 允许展业机构参与个人养老金第三支柱投资

养老是我国财富管理行业不可或缺的一环。今年 4 月，国务院办公厅发布《关于推动个人养老金发展的意见》，确立了我国第三支柱养老保险的基础制度框架。6 月底证监会跟进发布《个人养老金投资公开募集证券投资基金业务管理暂行规定》，涉及千亿长期资金的个人养老金基金投资细则落地。

公募基金投顾有望成为解决个人养老投资难问题的"金钥匙"，也应积极参与服务个人养老金，开发相应的养老策略，从商业银行开立账户为切入点，以净值化产品为主要供给，以专业、有温度的投顾团队为陪伴。在我国个人养老金制度中引入公募基金投顾具有重要意义，这不仅有利于个人体面的度过晚年生活，而且有利于我国更好地应对人口老龄化带来的挑战，更是积极响应共同富裕的重要举措。

2. 积极研究新的基金品种，拓宽基金投顾投资范围

截至今年 8 月 31 日，我国公募基金市场已经取得了长足发展，目前不同份额合并计算后，由公募基金公司发行的公募基金产品超过 11000 只，最近 3 年定期开放\持有期型公募基金数量占比已经接近 20%，已成为不得不关注的基金类型。因此，逐步引入定期开放\持有期型基金有助于提升基金投顾策略的丰富性。

目前私募基金占资产管理行业市场规模已经达到不可忽视的水平。根据基金业协会数据，全市场证券投资私募基金管理人数量已超过 9000 家，而且策略多样性和丰富性远胜于公募基金。今年私募管理期货和市场中性策略与公募股票\债券策略的相关性都比较低，加入私募基金之后组合业绩稳定性通常好于纯粹的公募基金组合。

3. 从客户需求出发，积极开发更加丰富的策略类型

开发封闭期基金投顾策略，既便于投资持有期型基金，丰富量化对冲等投资策略，又能帮助投资者避免"追涨杀跌"带来的损失。建议设置 3 个月、6 个月、1 年、3 年等不同封闭期的基金投顾策略，通过严格的投资纪律，可

以引导投资者以中长期的视角看待投资。另外，可以积极参考公募基金对于浮动管理费的尝试，将投顾费与产品业绩挂钩，实现投顾方和投资者利益捆绑，促使投顾方不断提高核心投资能力。作为投顾方，不仅仅提供优中选优、质量过硬的组合投资策略，也要基于不同的客户需求画像提供差异化的服务场景，包括定投、养老、目标收益、闲钱管理等不同场景，用质量可靠的基本策略组合形成不同的场景化工具，并针对不同场景、不同客户提供线上、线下的差异化服务，最终形成基于客户需求和场景的千人千面财富管理格局。

第四章 投顾机构的顾问温度

一、顾问服务流程全扫描

"三分投、七分顾",作为买方投顾,有"温度"的顾问服务至关重要,其核心在于围绕客户差异化的需求,构建投前、投中、投后及投教等全流程的买方投顾服务体系。

服务形式方面,全权委托管理型投顾服务能够为客户进行投资品种、数量、买卖时机等决策,代替客户执行交易,同时提供咨询、投教等服务,帮助客户建立正确的投资理念,获得资本市场长期增长的红利。

服务模式方面,主要有线上线下两种形式,线下模式主要是证券公司依靠营业网点、客户经理来提供服务,服务范围较广,除公募基金外,客户经理还会提供私募基金、场内交易等服务,服务相对个性化。线下模式服务成本较高,通常面向富裕和高净值客群。线上模式主要是证券公司通过线上平台提供相对标准化的投顾组合策略,底层标的以公募基金为主,投资门槛较低,主要面向大众客群。线下和线上模式并没有冲突,证券公司通常线上线下并行开展基金投顾业务,满足不同客群的需求。

服务流程方面,可以分为投前、投中、投后、投教四个部分。

1. 投前

投前阶段主要是了解客户，精准识别客户需求，以及匹配差异化的组合策略。一是通过人工沟通或金融科技的手段建立客户画像，了解客户的真实需求、策略偏好、使用投顾组合的场景等；二是通过风险测评明确客户风险承受能力，避免出现风险错配。

客户的需求通常是共性的，在了解客户需求的基础上，可以开发相应的资产配置策略，并将其产品化。目前投顾机构主流的投顾组合策略有以下几种：一是以主动基金、指数基金为主的股票基金组合，匹配客户的高收益、高风险需求。二是以目标风险、目标日期为主的组合策略，匹配客户养老需求。三是以债券型基金为主的稳健组合，匹配客户理财替代的需求。四是以货币、短债基金为主的货币组合，匹配客户储蓄替代、现金管理的需求。

2. 投中

买方投顾兼具"温度"与专业，投中主要是受客户委托执行交易，客户选择相应组合策略和投资金额后，由投顾机构代替客户执行组合策略子基金的申购，包括同类基金中具体标的选择、基金限购停售时寻找替代品种、基金出现风险时进行减持等。投中环节通常由投顾机构投资团队进行集中式、自动化、专业化的管理。

3. 投后

投后是进行客户持续服务、提升客户服务体验的重要环节，包括投顾账户的策略交易、基金配置、调仓以及费用等信息披露，组合策略与账户监控，组合策略投后月报、季报，客户回访和投诉处理，以及服务沟通等。提供投顾服务的过程中，机构通常会按周频率甚至按日频率与客户沟通，市场波动较大，以及宏观经济与政策变化较大时，往往是客户疑惑最多的阶段，高频的沟通能够减少客户持仓过程中的担忧，提升客户信任和黏性。

4. 投教

投教是财富管理的基础性工作，目前投教主要围绕两个方面开展：一是介绍基金以及基金投顾的基础知识，目前国内基民数量已经达到7亿人，但大部分基民对基金知识了解比较有限，对基金投顾的了解也比较少。二是对投资者行为的引导，投资者收益不理想的两个主要原因是追涨杀跌与频繁交易，对投资者行为的正确引导，如南方基金司南投顾开发的"投资心理研修课"栏目，从行为金融学的角度对投资者的非理性投资行为进行剖析，深入浅出，致力于有效减少投资行为带来的收益损耗，解决行业"基金赚钱、基民不赚钱"的问题。

二、金融科技助力投资者个性化需求

近年来各家证券公司都加大金融科技投入，发力财富管理数字化转型，不断完善客户交互平台与投顾工作平台，梳理各类底层基础数据，建立客户画像、产品与服务的标签体系，探索"千人千面"的财富管理服务模式。通过利用大数据、人工智能、数字化平台等技术与服务，行业机构在消息推送、产品与服务推荐、客户交互等领域不断提升客户个性化需求的服务能力，主要体现在几个方面：

一是消息推送个性化。根据客户基本信息、浏览记录、持有产品相关度等指标，选择合适的渠道和时点精准推送客户感兴趣、有价值的信息，包括市场资讯信息、已投产品信息、投资研究报告以及非金融服务信息等，提升客户消息互动的效果。

二是产品与服务推荐个性化。基于对客户、产品与服务打标签的基础上，建立精准有效的匹配规则，增加产品与服务推荐效率。例如通过客户性别、年龄、职业、风险测评、资产规模、已投产品、浏览记录等信息，精准定位客户的投资偏好、服务偏好，进而推荐相应的产品与服务。

三是交互形式个性化。客户交互是零售金融服务的重要环节，财富管理客户交互包括线上线下两种方式。线下服务能为客户带来更个性化的服务，但通常面临服务成本高的问题，同时随着生活节奏加快，客户线上化的趋势愈加明显。从行业经验来看，金融机构通常会基于客户分层提供差异化的交互服务形式。对于大众客户，主要依靠金融科技平台提供线上投顾服务；对于富裕客户，提供人工投顾与线上投顾融合的服务；对于高净值客户，则主要以提供成熟的人工投顾服务为主。针对客户线上交互形式，可以根据客户画像和市场情况等因素，设定合适的交互频率、触发场景等指标，提升线上交互效果。如南方基金司南投顾开发了单独的投顾策略定期报告模块，可以根据每个投资者的持仓，定制生成收益走势图、资产组成、持仓明细、调仓记录、投资经理分析等内容，并标准化输出到多家合作平台。

三、考核指挥棒加持顾问端

基金投顾业务的诞生，旨在通过专业金融机构从投资与顾问两个方面着手，提升基民的投资体验和投资收益，将基金产品收益转化为客户收益，解决行业"基金挣钱、基民不挣钱"的问题。

目前公募基金投顾业务在国内尚属新兴业务，参与机构多数处于试点和探索阶段，如何对基金投顾业务进行考核也是各大机构急需完善和解决的一项工作。目前国内机构主要采用两种考核方式：第一种是在公司内部采用高于传统基金代销业务的考核激励，鼓励一线销售人员大力推广基金投顾业务；另一种是弱化对内考核，通过加强与外部机构的合作引进增量规模促进业务发展，两种考核方式均偏重对规模的考核。

行业目前基本形成了基金投顾业务"三分投、七分顾"的共识，顾问服务在整个业务发展中扮演了重要的角色，优质的顾问服务起到了客户全程陪伴的作用。但顾问服务是一种相对长期且不容易量化的业务形式，与代销机构传统的销量、收入、市占率等定量考核指标有较大的区别。实现顾问端科学、合理、持续、长期的考核，既要充分考虑投顾人员的个体差异性，制定合理的绩效指标，不能简单地按照投顾人员的创收来考核；又要兼顾客户的投资体验、满意度、服务过程、复投率等多方面的指标。除此之外，对总部投顾人员和分支机构的投顾人员考核标准也应该有所差异。具体可以从以下几个方面着手：

对于总部投顾人员，可以对其创作的顾问服务内容和形式进行考核，如微信号公众号文章的阅读量、对客户所提出问题的收集与反馈情况、对分支机构投顾人员的培训场次、投顾课程体系的创设情况等，每项可以设置权重进行量化打分，根据得分情况进行评级，设立投顾人员的晋升晋级制度和荣誉体系，与年终绩效进行适当的挂钩，提升员工的积极性和荣誉感。

对于分支机构的投顾人员，可以对其服务客户的过程和结果进行考核，如客户的服务频率、满意度、投资体验、投资收益，以及客户基金投顾复购率等，也可以适度考虑服务质量带来的业务规模增长情况，但总体不宜完全以收入和规模作为唯一的考核标准。

四、建设客户"心理账户"

在开展客户沟通与服务的工作中，投资顾问人员需要了解投资者心理账户的需求定位、收益预期、风险承受能力。从投资者的角度，心理账户收益不一定与产品收益直接相关，更像是通过不断完善的客户交互与服务过程，从认知提升、服务感受、投资陪伴的角度支付服务对价。服务的频次、服务的方式与客户预期的差异越大，心理账户的波动性越大。投资就像一场修行，没有标准适用的投资方法，每个客户的心中都有一个"心理账户"。

近年来，在探索"千人千面"的买方中介服务过程中，基金投顾机构通常根据需求场景、投资用途的划分，对账户和产品进行客群定位。心理账户是相对真实账户而言的，每个人根据资金用途在心中把钱分门别类地存在不同的账户，比如短期日常开支的钱、子女上学的钱、养老的钱等等。给不同的钱打上不同的心理标签，客户对组合策略的风险收益具有更合理的预期。机构可以据此将客户的钱分成不同的账户进行管理。比如，短期灵活账户（活钱管理，日常开支）、中期稳健账户（稳钱规划，用途清晰）、长期睿智账户（长钱投资，增值获益）。

客户将资产分成不同的账户类别后，可以根据每笔钱的投资目标选择合适的资产配置方案，以基金投顾组合策略为例：

第一笔钱：短期灵活账户

第一笔钱是用来应付日常生活开支，必须灵活取用，对本金安全性要求比较高，从风险收益和投资期限来看，适合投资货币基金。货币基金风险较低，投资收益率略高于活期存款，且申赎灵活便利，赎回到账时间也比较快。

第二笔钱：中期稳健账户

第二笔钱是中短期会用到的大额开支。这部分钱的投资期限长则两三年，短则数月。由于是刚性支出，对本金安全性要求也较高，适合投向稳健固收类产品，比如纯债型基金。如果客户对风险容忍度再提高一点，第二笔钱还可以配置一些固收＋产品，包括二级债基，以及股票仓位比较低的偏债混合型基金。

第三笔钱：长期睿智账户

第三笔钱是专门用来投资"生钱"的钱，投资期限短则三五年，长则十年以上，可接受更大的波动和回撤，目标是追求长期的较高收益。这笔钱可选范围会更大一点，适合投资权益类基金，如偏股型基金、平衡型基金、指数增强型基金等。

尽管投资者不是完全非理性的，但仍然需要借助专业的指导才能作出更准确的判断和更有利的决策。当投资与生活场景结合，客户将从过去只关注投资收益情况，转移到关注投资所承载的情感与人生价值。例如：为孩子设置"教育定投"，每一笔投资都关乎孩子的未来；为父母设置"养老定投"，每一笔投资都是"陪伴"；为爱人设置"爱情定投"，每一笔投资都共建幸福港湾。

五、投顾机构携手大V

2021年11月份，监管部门出台《关于规范基金投资建议活动的通知》后，部分基金大V加入持牌机构从事投顾业务，推动基金组合服务模式走向规范化。

与传统金融机构相比，大V在顾问服务中具有一定的优势。一是契合买方投顾理念，很多大V是从分享自己的投资理念和投资知识开始的，从关注产品端转向关注客户端，理解客户投资理财痛点并提供解决方案，更契合买方投顾的理念。二是高频沟通，基金大 V 通常更新内容频率在每周 5 次以上，部分大 V 甚至保持每日更新的频率，高频的沟通能够提升客户的获得感。三是深耕特定客群，通常大 V 选择特定客群深度经营，对客户需求和投资行为特征了解较为深入，与客户建立了长期的服务关系。

基金大 V 主要有三大来源。一是金融从业人员，包括来自证券、基金、银行的从业人员。通常熟悉金融行业基础知识、金融产品，具备基础的合规风险意识，同时又擅长用文字、语言等传达观点。二是媒体从业人员，如财经记者、编辑等，文字功底强，擅长应用媒体资源，以泛财经领域为主。三是金融机构内部孵化的投顾人员，部分金融机构在第三方平台通过直播、短视频等形式孵化基金主播，部分主播经过积累获得了较大的影响力。

从整个行业来看，基金大 V 的数量并不多。假设将关注用户数 10 万人以上定义为大 V，以微信公众号平台的财经领域为例，排名第 100 名的账户关注用户数约为 20 万，前 100 名平均关注数约 30—50 万。2022 年 8—9 月排名前 100 名的财经公众号中，31 个为金融机构（例如银行、证券、保险、基金等）经营的公众号；17 个为财经媒体旗下的公众号；剩余 52 个为个人财经号，其中 25 个为股票类、22 个为泛财经类、5 个为基金类；以此粗略估计，基金类大 V 在财经公众号领域的占比约 5%。

2021 年 11 月监管部门出台相关规定后，部分基金大 V 选择加入持牌机构继续从事基金投顾业务，"银行螺丝钉"入职东方证券，"我叫佐罗""鸡司令""韭菜投资学"等大 V 入职华宝证券。部分基金大 V 将其组合及 IP 出让给持牌投顾机构，但大 V 自身未入职，例如"民工看市""揭幕者"等。其他大 V 则选择了传媒资讯、资产管理等职业方向。

第五章　基金投顾大有可为

一、长路漫漫直面挑战

1. 业务开展及创新尝试

我国基金投顾业务自 2019 年试点以来已满 3 年，整体来看已经逐渐迈入稳步发展的阶段。值得注意的是，试点机构展业中不断涌现出优秀的案例，在借鉴发达国家发展经验的同时，充分结合我国资本市场特点，通过不断创新为构建中国特色的基金投顾行业而努力。

业务开展方面，试点机构在品牌建设和业务创新方面均取得了值得行业借鉴的成果，对于行业发展起到了积极的推动作用。

品牌建设在业务开展初期意义重大。作为全新的业务模式，客户理解和认知的培养至关重要，在品牌建设的过程中往往包含丰富的投教与客户陪伴服务，用于帮助客户理解、接受业务。具有影响力的品牌更容易被客户选择，有利于业务规模的快速增长。品牌建设中长期持续的陪伴式服务同时引导了客户长期持有，与基金投顾的目标愿景相契合。南方基金作为首批取得我国基金投顾试点资格的基金公司，在组合策略构建与投顾品牌建设上一直走在行业前列，旗下的司南投顾是国内领先的基金投顾品牌。司南投顾旗下策略组合数量丰富，凭借着其广泛的影响力与良好的业界口碑不仅受到个人投资者的追捧，也成为银行、券商、三方等同业争相合作的对象，南方基金也借此将专业的投研能力不断向外延申，进一步扩大业务开展规模。目前南方基金合作销售机构数量已经达到30家，服务客户人数超过20万人。南方基金在投顾品牌建设以及业务拓展方面的努力不仅打造了具有影响力的基金投顾品牌，更促进了业务规模的快速增长。

对细分领域的聚焦是业务发展的主要方式之一，可以帮助参与机构较快地取得特定领域的竞争优势。在基金投顾业务创新尝试上，国联证券开创了业内首个基金投顾银证合作案例，将建立TO B模式的基金投顾业务生态与机构合作的打法作为业务发展的聚焦并取得了业界内的广泛认可与借鉴。基金投顾在TO B端的尝试使得基金投顾的业务开展既能依靠券商丰富的基金业务展业经验与专业的投研能力，又能充分发挥银行在渠道和客户方面的优势。国联证券依托深耕机构业务累计了丰富的机构投顾服务经验，同时实现了业务规模的快速增长。

华泰证券在基金投顾业务方面的实践则是充分借鉴了近年来兴起的"智能投顾"的打法，依托公司全资子公司、全美前三的统包资产管理平台AssetMark在北美财富管理市场积累的丰富实践经验与已经得到充分验证的投顾服务理念和体系建设，结合中国投资者的特点打造了更适合我国国情的基金投顾品牌——"省心投"。公司拥有近百人的专业团队聚焦于基金投顾业务细分领域，将基金投顾作为客户资产配置的重要工具。华泰证券重"投"更重"顾"，设有专门向客户提供投研支持的"省心研究院"，为客户提供针对热点事件、市场解读、策略主理人回顾等内容定期播报，同时运用新媒体为客户提供丰富多样的投教输出。公司依托强大的投顾团队与"涨乐财富通"平台实现了线上＋线下相结合的业务开展模式。

东方证券在基金投顾业务的开展上开创性地吸纳了雪球知名财经大V——银行螺丝钉。银行螺丝钉拥有百亿级的组合管理规模，在监管出台投顾新规，明确了将互联网投顾纳入监管范围规范发展的要求之后，选择加入东方证券继续展业。相较于传统的金融机构，互联网大V团队由于其"来自群众"的特点以长期以来通过高频的内容输出与交流沟通等与客户建立的深厚关系使得客户黏性与信任度非常高。在促进市场从"卖方销售"向"买方投顾"转变的长期愿景下，互联网投顾的客户服务模式可以看作一种通过长期陪伴的客户培育，结合金融机构专业的投研支持后或将碰撞出新的火花。

经过三年的发展，我国基金投顾管理资产规模约 1500 亿元，试点机构参与热情高涨，客户人数不断增长。试点机构结合我国投资者特点开展了多项创新业务的尝试，市场成熟度不断提高。对于行业发展的方向，基本达成了向"买方投顾"模式发展的共识。

2. 业务开展仍存在挑战

然而，基金投顾发展的过程也并非是一帆风顺的，我们需要清醒地认识到当前仍面临着诸多挑战。

（1）短期业绩考核与长期投资目标的冲突仍然普遍存在。"基金赚钱，投资者不赚钱"的问题长期困扰投资者与金融机构。上文对于投资者行为的分析中提到基金投顾的参与客户相较于公募基金的投资者有着更长的持有期限以及更低的换手率，更偏好长期投资。随之而来的是相较于公募基金投资者更高的投资回报。

尽管如此，基金投顾业务发展中同样面对相似的困境。其主要原因是短期追逐考核，业绩仍受市场惯性影响波动。由于基金投顾业务试点至今仅三年，对于目标着眼于长期投资的基金投顾业务缺少足够的时间累计超额回报，基金投顾的优势特点尚不明显。大部分投资者对基金投顾的认知有限，仍然以产品的角度看待组合策略的业绩和运作情况，难免出现"追涨杀跌"的情况，从而导致盈利体验较差的结果。

（2）现阶段试点机构仍存在"投"与"顾"比例失衡的问题。业务开展初期，"投"所带来投入产出比远高于"顾"所能提供的。对于业务规模的增长，组合投资业绩增长所带来的贡献见效更快，且更易量化；而顾问服务的贡献难以量化，对于短期考核的贡献有限，且需要长期持续地投入维护，投入大但见效不在当下，导致展业机构投资端与顾问端的失衡，这也是当前普遍存在的问题。

（3）基金投顾当前的展业模式仍待转变。从现状看，我国基金投顾目前仍以"卖方销售"模式为主导，投资者大多将组合策略当作FOF基金看待，对于自身的投资目标以及资产配置的概念认知程度较浅，拘泥于眼前短期的业绩回报而非资产长期的保值增值。而机构之间竞争剧烈，对于短期业绩和收入的追求也忽略了对于资产管理规模增长的长期目标。从收入结构来看，前端的销售费用仍然为展业机构提供了可观的收入，机构对于提升后端管理费用的诉求并不紧迫。总的来说，我国投资顾问业务距离达成"买方投顾"的发展目标仍有较大的距离。

（4）客户的资产配置意识与投资理财观念处于起步阶段，缺乏长期投资意识。参与基金投顾的客户大部分仍然将其当成FOF产品看待，同时缺乏长期投资的观念，在持有过程中心态常受到组合业绩波动的影响。在市场表现好时配置意愿明显好于市场表现弱时，当组合业绩出现波动时却选择卖出，追涨杀跌的投资行为有悖于基金投顾长期投资的目标。因此，投资者教育同样是业务开展初期需要重点投入的一环，作为顾问服务中的重要环节，有效的科普与引导，是帮助投资者实现从产品购买到资产配置理念上转变的关键一环。

二、中美投顾市场发展历程

1. 美国投顾市场发展

美国作为发达资本市场代表，其投顾市场的起源普遍被认为源自1940年《投资顾问法》的发布，该法规首次明确了投资顾问业务的定义并给出了相应的规范，但受到大萧条时期影响，业务初期发展较为缓慢。上世纪80年代，随着市场发展与政策法规的不断完善，美国投资顾问业务逐步进入了高速发展时期。1975年《证券交易修订法案》废除了固定佣金制度，使投顾费与交易佣金正式脱钩，投资顾问业务摆脱了证券交易的绑定得以独立发展。同时，1974年的《雇员退休收入保障法》与1978年的《国内税收法》分别提出了个人养老金账户（IRA）与401（k）计划，两者通过发展逐渐成为了美国养老第二、第三支柱中最重要的组成部分，庞大的增量资金与养老投资者为行业提供了发展的沃土。进入 21 世纪以来，随着互联网技术的革新与金融科技的进步，美国市场诞生了依托线上平台展业，低起点、低费率的智能投顾，让更广泛的客户能够获得投资顾问服务，进一步发掘了行业的增长潜力。

2. 中美投顾市场对比

作为是全球公认最为发达的投资顾问市场之一，据 2021 年 ICI 统计数据，美国 SEC 注册的投资顾问近 15000 家，从业人员约 93 万人，共计服务客户人数近 6500 万人，管理资产规模超过 128 万亿美元，规模约为美国共同基金规模的 3.7 倍。从市场份额上来看，管理规模在 1000 亿美元以上的机构仅有 200 余家，但这些机构却管理着超过 85 万亿美元的资产，整体呈现出较为显著的马太效应，头部机构占据着最大的市场份额。美国投资顾问市场拥有近百年的发展历史，其业务开展与市场创新的尝试也将为我们提供丰富的经验与借鉴。

我国基金投顾业务试点开始于 2019 年 10 月 24 日，从试点机构上来看，已经由首批 5 家增长至现在的 61 家，包含券商、基金公司、三方销售机构等。从参与人数上看，2021 年末基金投顾客户人数不足 400 万，而美国投顾机构服务客户人数约 5000 万，普及性上远不及美国。截至日前，我国基金投顾市场规模约 1500 亿元，相较于我国公募基金 26 万亿元规模仍具备巨大的发展潜力。

三、基金投顾未来可期

1. 基金投顾发展的必要性

随着经济的发展及个人收入水平的不断提高，在财富积累的过程中，居民对于财富管理的诉求正与日俱增，庞大的人口基数将为行业提供巨大的增量资金。

同时，伴随着个人养老金制度的确立以及相关政策的不断落地，养老资金的进入也将为市场持续注入长期、稳定的资金。对于广大缺乏专业投资能力的养老投资者，专业的投资顾问服务是解决其投资诉求的必要选择，势必将促进投资顾问业务的快速发展。

在科技创新和智能投顾的发展上，我国当前主流的基金投顾业务大都可归为智能投顾，具有起点低、费率低、依托算法交易等特征。相较于发达国家，我国长尾客户规模更大，智能化投顾对提高客户覆盖率、拓展业务容量具有推动作用。

总体来看，日益增长的资产配置以及对专业投资能力的需求对于投资顾问业务增长起到有力的促进。养老资金的进入将为市场提供新的增量资金和投顾服务需求。科技创新与智能化将拓展投顾服务的业务边际，发掘规模上的扩容潜力。

2. 美国基金投顾业务发展启发

纵观发展历程，美国基金投顾业务的发展壮大主要得益于较为完善的政策、业务模式的转变、养老金的适时进入以及科技的创新赋能等四个方面。

（1）政策不断完善，持续助力业务开展。1940年，美国《投资顾问法》发布，首先明确了投资顾问业务定义并对信义义务做原则性规定（忠实、审慎、诚实守信、客户利益至上），同时规范了业务的激励规则与限制（禁止与投资收益挂钩的报酬）。《投资顾问法》的出台标志着美国投资顾问业务的正式开启，为业务的持续发展奠定了基础。但由于固定佣金制度下投顾费用与佣金高度绑定，与其说是客户自主选择投资顾问服务，不如说是客户为了参与交易投资而不得不接受这部分附加费用。1975年《证券交易修订法案》废除了固定佣金制度，主要采用固定费用管理账户和基于资产规模的账户管理的收费模式，实现了投资者交易佣金与投资顾问费用的解绑，在降低投资者交易成本的同时，资管机构也逐步将投资顾问服务定义为体现其自身投研能力的业务模式。随着交易佣金中不向投资者额外收取投资顾问费用的"折扣经济商"的出现，为行业带来了"鲇鱼效应"，投资顾问业务实现与交易脱钩，开始独立发展。1999年《金融服务现代化法案》的颁布，使得金融混业重新回归，丰富了金融产品与服务品种，为多元化投顾服务的开展提供了基础，为机构的展业多样性提供了支持，资管机构既可以自主发行产品，也可以为客户提供交易或投资顾问服务。

（2）收费模式的转变是资管机构间低费率竞争导致的必然结果。固定佣金模式下，投顾业务与经纪业务高度绑定，客户多为被动接受。而佣金自由化之后，投顾服务从"必选"变为"可选"，促使投顾业务的整体竞争格局改变，由买方市场向卖方市场转变。

1980 年，SEC 批准了共同基金的 12b-1 费用，该费用主要分为两个部分，一是用于补偿渠道的营销成本，二是向销售人员支付服务费用。在传统的卖方销售模式下，投资顾问通过 12b-1 费用间接收取服务费，主要体现在基金销售机构收取 12b-1 费用后将大部分支付给投资者的投资顾问。而在买方投顾模式下，投资者则是直接向投资顾问按基于资产规模的约定比例支付服务费用，基金销售与投资顾问业务间相互独立，一定程度上避免了投资顾问与基金持有人之间的利益冲突。同时，投资顾问通常会选择低佣金、免佣金共同基金构建投资组合。投资顾问收费模式的转变对于低佣金、免佣金产品的发展起到了一定程度上的促进，二者呈现出相互发展、相辅相成的现象。投资顾问服务的付费方式逐渐由基于前端佣金的一次性收入转向为以管理资产的规模按比例持续性收费的模式。

（3）养老资金适时进入为市场提供了长期稳定的资金来源，同时使得投资顾问的需求激增。1974 年美国推出的《雇员退休收入保障法》，首次提出了个人养老账户（IRA）制度，1978 年美国《国内税收法》中则推出了著名的 401（k）计划。随着美国养老第二、第三支柱的建立与完善，养老投资在美国资管市场中规模迅速增长，伴随着广大的投资人群以及庞大的入市资金同时带来的则是对于专业投资研究能力的巨大需求缺口。由于 401（k）与 IRA 均属于 DC 型养老计划，养老投资收益直接由投资回报决定，对于普遍不具备金融投资专业能力的养老金投资者，选择专业的投资顾问服务成为最普遍的解决方案，从而促使投资顾问业务的高速发展。以 2021 年统计数据为例，美国养老体系中 DC 型计划总规模超过 22 万亿美元，长期的投资需求与稳定的增量资金对于投资顾问业务由卖方向买方转变起到了重要的推动作用。

（4）科技创新使得投资顾问服务的覆盖率不断提升。随着计算机科学与互联网金融的不断发展普及，"智能投顾"这种基于计算机算法的自动化投资组合管理服务应运而生。对于资产管理机构而言，有别于传统的投资顾问模式，智能投顾依靠算法可以快速完成复杂的组合调整、税收筹划等工作，大幅提高工作效率与结果的准确性。对于客户而言，较低的起投门槛、费率和易于参与的互联网模式满足了传统投资顾问模式未能覆盖的客户群体，进一步挖掘长尾客户带来的业务增长潜力。据统计，2021年全球智能投顾管理资产规模近1.5万亿美元，拥有近3亿使用客户。TAMP全称Turnkey Asset Management Platform，意为统包资产管理平台，主要用于向个人投资顾问、投资顾问机构提供全流程解决服务，包括如：获客及客户管理、策略研究及组合构建、交易执行及运作监控、定期报告等。目的在于为投顾服务展业过程中有相关支持需求的个人或机构提供服务。

他山之石，可以攻玉。美国投顾市场经历了多个发展阶段，其在政策制度的完善、业务模式的转型、长期资金的引入以及金融科技的丰富经验值得我国认真学习与借鉴。

3. 我国基金投顾发展展望及建议

我国基金投顾发展仍处于初级阶段，行业发展空间巨大。不过，我国在国情与投资者认知方面相与海外发达国家存在很大差异，相较于发达国家，我国资本市场发展较晚，国民投资经验较少、投资理念尚待成熟，仍需培养长期投资习惯。同时，我国仍是发展中国家，国民收入水平较发达国家仍有较大的差距，对于投资顾问的需求也处于萌芽期，但潜力可观。随着80、90、00后群体逐渐成为社会的中坚力量，投资理财也朝着全民化的方向发展，与老一辈群体的"自力更生"不同，他们更愿意向专业机构寻求资产配置建议，从而不断催生投资顾问需求的增长。

对我国投资顾问发展形式，提出了以下三点展望：

（1）智能化：低门槛，资金规模较少的零售客户。这也是我国当前基金投顾发展的主要形式，相较于美国市场从传统向智能的发展进程，智能投顾符合我国当前市场环境及投资者需求。我国个人证券及公募基金投资者人数众多，但人均投资规模与发达市场相比并不高，且投资者专业金融及投资能力有限，对于投资咨询较低的参与门槛以及投顾服务费为更多投资者提供了参与的机会，有助于业务覆盖率的提升。依托科技创新、算法、互联网科技的赋能，投顾服务的触点才能够延申至更广大的投资者群体中。

（2）定制化：高门槛，资金规模较大的高净值客户。实际上对应了美国传统投资顾问模式中服务的客户群体。由于法律法规上的差异，我国这部分客户目前大多由资产管理机构直接服务。同时，以美国市场为例，机构也是投资顾问服务的重要对象，差异化的服务需求也使得定制化成为服务机构客户的最好方式。

（3）多样化：针对不同投资目标、场景提供的特定投资顾问服务（养老、教育、医疗等）。当前市场中已经有针对养老、教育等特定目标或场景创建的投资顾问服务/策略。从发展趋势上看，客户需求是投顾服务多样化发展源头，为客户提供千人千面的专属服务及投资策略构建也是未来行业发展的重要目标之一。

此外，基金投顾业务的发展同样离不开政策的支持与业务模式的转变。对此，提出了以下四点建议：

（1）建议针对基金投顾业务创设特殊的低费率、免佣型公募基金份额，以达到节约交易成本。从我国基金投顾的收费模式上看，机构在开展基金投顾业务时参与公募基金的方式与品种与个人投资者自主参与没有差异。投资者支付投资顾问费的同时仍需承担基金交易相关费用。对于投资者来说，双重收费直接拔高了其对于组合业绩的回投预期，当短期策略业绩产生波动或表现不及基准时，往往会动摇客户持有策略的信心。客户对于策略业绩的短期焦虑使得其将策略当作FOF产品来看待，与投顾业务长期资产配置的理念矛盾，不利于认知的转变。

对于投资顾问服务机构来说，低费率、免佣型份额的设立使得机构业务收入的比重转向由后端收取的投顾费，前端佣金收入的日益减少将迫使机构之间更加重视在投研能力方面的投入，也使得机构将旗下在管资产的稳定保值增值作为业务的首要目标，对于促进行业向买方投顾模式的转变有着推动的作用。

（2）建议统一并缩短基金投顾业务专属份额的交易确认时间，以达到提高交易清算效率的目的。当前基金投顾策略的交易确认规则均以最晚的产品确认时间为准，这就造成了清算时间完全由底层持仓基金决定。缺乏标准的交易规则不仅降低了组合交易效率与投资的灵活度，同时也降低了客户的体验感。建议对于基金投顾专属的特殊份额统一交易清算规则并提供较高的清算交割速度，明确申赎确认时间以助推业务的高效运行发展。

（3）加强顾问服务方面的投入，以提升客户认知，培养客户长期投资为目的，做好投资者教育。展业机构应当给与顾问服务与组合投资相同的重视，业绩能为组合实现短期的规模增长，而要使客户做到长期持有则需要依靠顾问服务的助力。为客户提供长期陪伴式的顾问服务，在增加客户信任与认可的同时，也将保障资产规模的长期稳定。客户对于长期投资的认可以及理财认知的提升最终将助力投资顾问业务向"买方投顾"模式的方向不断发展。

（4）推动投资顾问与经纪业务的解绑是实现业务转型的必要前提，建议监管进一步出台相关政策，明确证券经纪业务和投资顾问业务的定义和区别。在过去固定佣金、高佣金环境下，投资顾问作为经纪业务的附加服务，与经纪业务存在强绑定关系。随着近年来低佣金的发展趋势，投资顾问与经纪业务的绑定关系正在弱化，投资顾问逐渐不再成为经纪业务的附带费用，经纪业务与投顾业务的独立发展将成为可能。投顾业务与经纪业务隔离有助于弱化经纪业务短期考核对投顾业务稳定发展的干预，也将促进投顾费用与交易佣金收入解绑，逐步确立投顾业务的后端收入模式，并在此基础上真正实现向买方转型的投资顾问职业规划、服务流程和考核机制。

[基金投教篇]

撰写：嘉实基金、博时基金、华夏基金、
中欧基金、景顺长城基金、建信基金、
上投摩根基金
　　统筹：上海财经大学金融学院 曹啸

开篇寄语

江向阳
博时基金董事长

我国公募基金行业从20世纪90年代初砥砺发展至今，其间伴随着国民经济和居民财富的高速增长而快速发展，现已迈入高质量发展的新阶段。近年来，"基金赚钱、基民不赚钱"成为行业亟待破解的难题。

数据研究显示，投资者收益主要受两方面因素影响，一是投资者无法控制的基金经理投资水平等客观因素，二是投资者的主观行为因素，即基民的投资行为直接影响到投资是否赚钱。理想收益的获得或不存在统一范式，但成功的投资普遍具有逆人性的特点，因此，"需要知识与纪律帮助做那些正确的动作。"

面对市场的复杂多变，投资者如何通过克服人性的弱点同时提升专业知识、加深对市场的理解？投资知识的学习储备和理性的投资心理建设都至关重要。投资者教育与陪伴在基金投资中发挥着愈来愈重要的作用，基金公司通过专业化、人性化的陪伴服务系统和通俗易懂的媒介与知识，可有效帮助投资者知行合一、践行长期投资理念。

《关于加快推进公募基金行业高质量发展的意见》提出，要"创新投资者陪伴方式，加大投资者保护力度。全面强化投资者教育工作，科学搭建投教工作评估体系，形成体系明确、奖励先进、争相发力的基金行业投教工作新局面"。

通过此次参与课题研究，我们有机会与同业共同梳理、总结、探寻、发展投资者陪伴的更好方式，将努力做好"投资"的翻译官，与投资者朋友在"投资的马拉松"中共同见证价值投资和时间的力量。

基金投教篇

开篇寄语

李一梅
华夏基金总经理

"问渠哪得清如许，唯有源头活水来。"投资者是资本市场的立市之本，是资本市场最重要的源泉。保护投资者，就是保护资本市场的未来。保护投资者合法权益的能力和水平也决定了资本市场的生命力和发展方向。当前我国已经有超过6亿基民，公募基金资管规模达27万亿元，成为大资管行业排头兵。诞生25年来，公募基金行业从初期的筚路蓝缕、拓荒筑路，到今天的蓬勃发展、奋楫笃行，离不开广大投资者的风雨同舟、鼎力支持。公募基金责无旁贷地需要尊重投资者、敬畏投资者、保护投资者。

近些年监管部门围绕投资者保护基础制度建设、体制机制创新、理念文化培育、依法维权救济等方面开展出台了多项政策，构建了完善的投资者保护体系。公募基金一直坚定严格执行相关投资者保护制度，为投资者筑防火墙。

保障收益权是投资者保护工作中的重要内容。公募基金一直积极发挥专业投资能力，助力投资者分享中国经济和资本市场发展成果，提高投资者的满意度和获得感。公募基金的普惠性质让资本市场的发展红利得以覆盖到数亿投资者。

"授人以鱼不如授人以渔"，要做好投资者保护，投资者自身也要加强学习，才能形成投资者保护工作的合力。我们为投资者树好防火墙的同时，也

开篇寄语

要建好灯塔，帮助投资者远离市场风险的同时，更要明确如何更好地参与市场。投资者教育工作就是帮助投资者理解和认识风险，并学会评价自身风险承受能力，同时引导投资者树立正确的理财观念，理性看待市场波动，坚持价值投资、长期投资。持续推进投教工作不仅有利于提升投资者的金融素养和投资水平，更有助于营造理性投资、长期投资等良好的资本市场生态环境。

如今，我们更愿意称投资者教育为投资者陪伴，我们希望通过有温度的陪伴帮助客户解决问题，助力客户积累解决问题的能力，进一步增强客户的信任感、获得感。华夏基金从客户需求出发，搭建了体系化、能学习、能对话的投资者教育基地，努力在投前、投中、投后各个阶段，给予客户全天候、全流程、全覆盖、追随式陪伴服务，并通过提升陪伴频率、质量，以客户喜闻乐见的方式持续提供客户最需要的内容。

"守正笃实，久久为功"。投资者保护是一项基础性、长期性工作，需要我们坚持做，持续做。投资者保护也是一项重大、复杂的系统性工程，需要立法、行政、司法、媒体以及社会各方的共同努力，更需要广大投资者的积极参与。让我们一起为更好的未来共同努力。

开篇寄语

经　雷
嘉实基金总经理

经过二十多年发展，公募基金资产管理规模突破27万亿元，公募基金产品数量达到1万只，所服务的投资者超过7亿人。作为普惠金融的代表，公募基金真正实现了飞入寻常百姓家，在服务居民财富增长中发挥着越来越突出的作用。

公募基金飞速发展的过程，也是公募基金与投资者建立互信、教学相长的旅程。投资者越来越专业，理财需求更加场景化、细分化，促进了公募基金行业持续的推陈出新、推动基金逐步成为家庭理财的基本配置。同时，公募基金秉承基本面研究、价值投资等理念，将对时代发展趋势的深刻洞察，对于未来先进产业的前瞻性研究与布局，并将研究力转化为投资力，这一过程也直接或间接引导与主力投资者更好地理解先进制造、生命医药、科技创新、消费升级等等战略新兴产业，理解金融如何服务好实体经济。所以，这是互信的过程，也是互相影响、彼此塑造的过程。我们所做的投资者教育，更准确说，是如何与投资者沟通。好的沟通绝非单向的输出，而是用公募基金的专业性、责任心、使命感及时回应投资者的需求，解答投资者的困惑，理性引导投资者的情绪，并能够根据投资者的反馈、建议进行自我完善与变革。投教工作是一个需要时间、需要耐心、需要投入的事情，但非常值得去做的事情。

开篇寄语

　　这也是我们积极参与《中国证券报》组织的基金投资者教育报告撰写的初衷，通过与诸多优秀同行的持续探讨，我们能更全面地理解基金投资者，也能找出让我们与投资者的沟通更加有效的新方式。基金投资于我们、于投资者都是长期的事情，需要多想多做。希望未来能与诸位优秀同行共同做好投资者教育沟通工作，为公募行业高质量发展贡献更多力量。

基金投教篇

开篇寄语

刘建平
中欧基金总经理

截至 2022 年三季度末，公募基金管理规模超 26 万亿，个人客户数量超 7 亿。这为未来行业发展奠定了坚实的基础，也提出了新的挑战——如何让行业发展与投资者利益同提升、共进步。

中欧基金此次与优秀的同行共同撰写报告，就是希望通过回顾投教工作现状、深入分析并理解投资者行为，探讨如何提升基民投资体验，更好服务于居民财富管理需求。

近年来，银行、公募等各类市场参与机构通过多元化形式与渠道开展投教工作，并取得一定成效。基金个人投资者对于长期持有、定投"微笑曲线"、风险收益匹配等投资理念的知晓度与认可度显著提高。但在实际操作中，无法有效止盈止损、习惯性追涨杀跌、频繁买卖等行为还是很常见，这主要是因为投资本身是逆人性的。公募机构的投资者教育工作还需进一步扩大普及广度和深度，才能帮助投资者更理性地面对市场波动性和做好投资决策。

正是意识到基民的投资认知与实际行为之间存在矛盾，近年来公募机构不断提升对投教工作的投入与重视度。作为公募基金管理人，在做好投研本职工作、为基民创造投资收益的同时，要充分引导投资者"理性投资"，减少账户收益"磨损"。投教工作应融入基民投前、投中、投后的全生命周期，尤

📈 开篇寄语

其面对震荡市场,加强投资者陪伴,平抑心理波动,在潜移默化中帮助投资者树立长期投资、产品适配、风险收益相匹配等投资理念。

基金投资是一场马拉松,希望在专业人士的陪伴下,基金投资者能获得更好的盈利体验,见证长期投资的力量。

开篇寄语

张军红
建信基金总裁

过去十年，中国经济的基本面培育了繁荣的资本市场，为资产管理行业的大发展提供了充分的土壤。截至2021年末，各类资管机构合计管理资产规模超过130万亿元，公募基金成长为其中的中坚力量。截至2022年9月底，我国公募基金总规模已突破26万亿大关，持有5.31万亿A股市值，占A股流通市值的8.67%。

同时，公募基金也是投资者分享资本市场红利的有力工具。银河证券数据显示，1998年至2022年上半年，公募基金累计分红4.07万亿元，累计利润5.36万亿元，为投资者带来切切实实的收益，成为发展普惠金融、助力共同富裕的重要载体。近年来，伴随着中国经济和资产管理行业的高质量发展，以持有人利益为中心的投顾和投教工作在加速推进，助力破解"基金赚钱、基民不赚钱"的行业难题。在此次投教报告中，我们基于自身客户的实际投资数据，对近五年投资者行为的变化进行深入剖析，探讨投教工作对投资决策行为的影响。我们发现，通过持续性的投教工作，投资者变得更有耐心、更能"管得住手"、更懂得资产的分散配置……我们欣喜地看到了投教工作的初步成效，但也明白"以投教创造价值"的道路任重道远，我们仍需勤耕不辍。

我们有幸参与到投教课题的研究，未来仍会不遗余力地与更多的同业、合作伙伴等社会各方，更好地开展、普及投教工作，帮助投资者拥有更好的盈利体验和更真切的投资获得感。

第一章　基金投资者教育发展及现状

作为普惠金融的典型代表，公募基金以其门槛低、透明度高的特色，正成为公众分享资本市场成长红利、实现财富长期保值增值的重要方式。

中国证券业协会发布的《2021年度证券公司投资者服务与保护报告》显示，截至2021年底，我国基金投资者超过7.2亿。而十年前，基金户数还不到4000万。

伴随着公募基金的快速发展，基金投资者队伍持续扩容，投资者教育工作的重要性日益提升。

所谓投资者教育就是要帮助投资者正确认识市场，理性参与交易。具体体现在通过各种内容和形式，引导投资者树立正确的投资理念，掌握正确的投资方式，了解各类产品的风险收益特征，以正确的方法参与资本市场。

众所周知，国家金融体系和制度的发达与完善，需要有长久有效的公众金融教育，接受良好教育的金融投资者是稳定金融市场的基石，也是实现基金持有人与基金管理人双赢的必由之路。

2022年4月，中国证监会发布《关于加快推进公募基金行业高质量发展的意见》，要求"全面强化投资者教育工作，科学搭建投教工作评估体系，形成体系明确、奖励先进、争相发力的基金行业投教工作新局面"。

一、基金投资者教育工作的背景

根据国际证监会组织（IOSCO）给出的定义，投教工作可被理解为针对个人投资者所进行的一种有目的、有计划、有组织的、系统的社会活动，旨在通过传授投资知识、传播投资经验、培养投资技能、倡导理性投资观念、提示相关投资风险、告知投资者权利及保护途径，进而提高投资者素质。

我国政府对投资者教育工作十分重视。2013年，国务院办公厅发布了《关于进一步加强资本市场中小投资者合法权益保护工作的意见》，提出"加大普及证券期货知识力度，将投资者教育纳入国民教育体系"，明确了投资者教育工作的方向、目的和要求。

2014年5月，国务院发布《关于进一步促进资本市场健康发展的若干意见》，指出：加强投资者教育，引导投资者培育理性投资理念，自担风险、自负盈亏，增强风险意识和自我保护能力。

监管机构、证券交易所、自律组织全面贯彻落实党中央国务院作出的战略部署，大力推动投资者教育工作纳入金融机构业务各个环节，出台了一系列具有指导性的文件。

2019年5月，中国证券业协会发布《证券经营机构投资者教育工作指引》，上海证券交易所发布《上海证券交易所会员投资者教育工作指引》，深圳证券交易所发布《深圳证券交易所会员投资者教育工作指引》。

2020年12月，在投资者教育纳入国民教育体系工作培训上，中国证监会负责人表示，中国资本市场是以散户为主的市场，解决"四不"（我国资本市场成立才30多年，交易制度还不完备、市场体系还不完善、监管制度还不适应、交易者还不成熟）问题，就必须抓投资者教育，加强投资者教育。

2022年4月，中国证监会发布《关于加快推进公募基金行业高质量发展的意见》，要求"引导基金管理人与基金销售机构牢固树立以投资者利益为核心的营销理念"、"加大投资者保护力度"、"全面强化投资者教育工作"。

二、基金投资者教育工作的意义

无论成熟市场，还是新兴市场，其发展历史都表明，投资者教育是各个国家或地区监管机构、自律组织、参与主体的一项重要工作，也是一项长期的、基础性和常规性的工作。

投资者教育是服务居民财富管理的应有之义。随着居民财富管理需求的日益增长，我国资管行业步入快速发展阶段，公募基金承载着帮助超 7 亿多投资者实现财富保值增值的重任，而要实现这一重任就离不开投资者教育。投教工作关系基民切身利益，既是提升投资者获得感的主要手段，也是行业贯彻新发展理念的直接体现。

投资者教育是树立科学理财意识的发展需要。资管新规要求资管产品净值化管理，实现投资者风险收益自担。2022 年，资管市场产品基本实现净值化，加强投资者教育，向投资者普及资管产品运行原理，倡导"卖者尽责、买者自负"的理性投资理念，揭示不同底层资产和投资策略产品的投资风险，有助于转变投资者刚兑预期、避免产品认知不清导致的损失。

投资者教育是提升买方服务质量的重要一环。随着人工智能、大数据等金融科技的普及应用，指数基金、ETF 产品的繁荣发展，全球资管行业都在经历着从向个人投资者销售基金到整合一系列零售金融业务向个人投资者提供全方位买方财富管理服务的重大转型。做好投资者教育是提升买方服务质量的重要一环。

投资者教育是中国基金业发展壮大必不可少的土壤。公募基金客户端承载着代客理财、转化储蓄资金、引导散户行为机构化的义务，投资端肩负着服务实体经济发展、助力提升直接融资比的使命。构建财富管理和资产配置的桥梁，培养成熟、理性的基金投资者，是公募基金业高质量持续发展的重要保障，而良好的投资者教育则是投资者成长、基金行业发展壮大必不可少的土壤。

投资者教育是实现资本市场长期稳定发展的需要。我国资本市场已成为具有世界影响力的市场。越来越多的投资者在拓宽投资渠道，从"买股票"变为"买基金"。这些"新基民"中不少缺乏对基金投资的系统性了解、风险意识不强、投资理念缺失，尤其在创新产品日趋丰富的当下，亟须基金公司提供高质量、体系化的投资者教育服务，提高我国投资者整体素质，实现资本市场长期稳定发展。

投资者教育是保护投资者权益的重要手段。通过投资者教育，公募基金管理人可引导投资者树立正确的投资理念，学习必要的知识与技巧，辨别机会与风险，切实地解决"基金赚钱、基民不赚钱"的问题，帮助投资者获取情感、财富双重维度的获得感，真正地做到赚"长期的钱"。

三、公募基金投资者教育现状

经历了近十年的发展，我国公募基金多层次投资者教育体系基本成型，公募基金和媒体处于投教阵地的最前线，各级监管机构和行业自律组织是投教的宏观统筹与基础保障，国民教育体系与其他第三方机构成为重要辅助力量。

（一）制度建设

一直以来，投资者权益保护是资本市场制度建设的重要组成部分，投资者教育是投资者权益保护的重要内容，有关投资者教育的制度体系在不断完善。

2003年10月28日，十届全国人大常委会第5次会议审议通过《中华人民共和国证券投资基金法》，并于2004月6月1日起施行，这是最早把保护投资者利益列入了立法宗旨的行业法。

2007年5月，中国证监会发布《关于进一步加强投资者教育、强化市场监管有关工作的通知》，要求牢固树立保护投资者合法权益的意识，进一步增强做好投资者教育工作的主动性，开展投资者教育专项检查工作。

2013年12月，国务院办公厅印发《关于进一步加强资本市场中小投资者合法权益保护工作的意见》，为公募基金展开投资者教育提出了纲领性的制度保障。

2015年9月，中国证监会发布《关于加强证券期货投资者教育基地建设的指导意见》《首批投资者教育基地申报工作指引》，对建设投资者教育基地提出了总体要求和具体方向指引。

2019年3月，中国证监会联合教育部发布《关于加强证券期货知识普及教育的合作备忘录》，将投资者保护纳入国民教育体系提升至新高度，并明确了教育部和证监会双方开展工作的职责。

2019年5月，上海证券交易所发布《上海证券交易所会员投资者教育工作指引》，深圳证券交易所发布《深圳证券交易所会员投资者教育工作指引》，从对会员单位开展投教工作的基本要求、强化自律管理、规范管理体系、专人联络等四方面做了具体规范。

2020年3月1日，新《中华人民共和国证券法》施行，增设了"投资者保护"专章，在立法层面将投资者权益保护落到实处。

2021年3月，中国证券投资基金业协会发布《关于公募基金行业投教宣传工作的倡议》，向基金公司发起倡议发挥专业价值，审慎合规开展投教宣传活动。

2022年4月，中国证监会发布《关于加快推进公募基金行业高质量发展的意见》，要求全面强化投资者教育工作，科学搭建投教工作评估体系，形成体系明确、奖励先进、争相发力的基金行业投教工作新局面。

（二）资源投入

在监管部门和行业协会的指导下，基金公司近年来成立相关职能部门，建立健全投教工作的规章制度，完善投教工作机制，明确职责义务，投入大量的人力物力，加强基金知识普及，常态化开展投教工作。

《公募基金管理人投资者保护状况评价报告》显示，2021年，公募基金管理人制作及投放投教产品方面共花费金额为3.76亿元，各家公募基金管理人平均数为321.54万元，中位数为35.00万元。其中，79.49%的管理人投教费用较2021年度有不同程度的增长。

投教基地建设是公募基金行业践行投资者保护的一项重要举措。截至2021年末，已有易方达、广发、华夏等5家公募基金管理人拥有证监会或派出机构命名的投教基地。投资者教育基地的落成，在全行业树立起投资者教育的标杆和示范性意义，也标志着全行业投资者教育工作步入新阶段。

（三）理念转变

随着公募产品体系不断丰富，公募基金投资者教育理念从"合规驱动"、"业务主导"向"以客户为中心"转变，投教定位从单一的日常工作项转为体系化的投教服务品牌打造。公募机构和客户利益的一致性逐渐靠拢。

以前投资者教育，不论是文章、视频、直播，还是线下活动，相当部分内容都是专题式，对投资者当前重点关注的内容进行剖析，对某类投资活动或某种金融产品进行风险提示，而对于投资者长期、持续接受金融教育的引导相对偏少，关于金钱观与理财观、投资框架、财富配置等方面的体系化教育内容也不多。近年来，这一现象明显有所改观，投教重点转向投资者陪伴。

比如，博时基金成立了"投资者关系部"，搭建完整的陪伴体系链路，为投资者提供全方位的知识科普、市场解读、专业投研观点与投资陪伴。线上线下持续发力，线上聚焦互联网金融及社交平台，着力打造有创意有干货的投资知识内容，线下举办论坛、沙龙、讲座等活动。

再如，中欧基金2022年推出的副品牌"中欧陪伴＋"，不挂钩基金销售，围绕中欧基金投资者的"投资全旅程"，用创新易懂的投教新打法，在售前、中、后各个触点里帮助他们学习知识，掌握并防范风险，树立正确、理性的投资理念。

（四）业态丰富

面对新媒体、新科技的兴起，基金公司不断深耕内容，创新方式，贴合投资者心理。

借助投资者教育基地、经营机构营业场所、相关媒体资源等，公募基金投资者教育领域已形成线上与线下相结合的形式多元的宣传教育渠道。既有微信公众号、视频号、学习强国、今日头条、抖音、快手等新媒体渠道的定期内容推送，也有峰会、直播、讲座、线上公开课、视频培训、趣味问答、知识竞赛、模拟交易大赛、投资者征文、走进社区、走进校园等主题活动，以及宣传手册、购物袋等各类印刷及用品类投教产品。

基于互联网视听化开展喜闻乐见的新媒体投教形式，采取新媒体、小程序、短视频、微电影、MG动画、H5互动等新技术手段，乃至运用VR技术实现的数字投教基地等，贴合各类投资者群体知识获取习惯，兼具实用性与趣味性。

根据《公募基金管理人投资者保护状况评价报告》，2021年公募基金管理人共制作各类投教产品约10.4万件，其中音频及动画类产品6700余件，海报、展板、画册、漫画及长图类产品11700余件，书籍、报刊、宣传折页、短信、邮件等文字类投教产品81000余件，其他类产品4300余件。

在基金业协会的指导下，多家基金公司还积极参与"一司一省一高校"投资者教育活动，通过各具特色、形式多样的投教，让投教在高校学生中开花结果。

四、基金投教内容与形式

由于金融投教存在很强的逆人性特点，引导投资者树立科学理财的投资观，传授正确的投资方式，不仅需要形式上新颖有趣、与时俱进，内容上也要在专业准确的基础上通俗易懂、引人入胜。

（一）内容更接地气、有针对性、通俗易懂

近年来，公募基金投资者教育基于数据分析能力、用户画像、需求痛点挖掘，在常规科普之外，创作个性化，和投资者容易产生情感联结的内容。

1. 投资交易行为投教

针对基金投资的科普已经成为基金管理人投资者教育的基础性内容。基金公司针对基金定投、闲钱理财、基金封闭期、基金认购申购和转换行为、

基金收费、基金份额 A/C 分类、基金净值、基金分红、基金止盈等有关基金投资交易行为的投教陪伴，通过网络课程、文章、视频等形式嵌入到官方网站、新媒体入口，投资者能够获取丰富、便捷的投教信息，基金投资者常识投教普及度显著提升。

2022 年以来，在市场震荡、基金净值普遍经历回撤的行情下，基金公司纷纷通过开展基金定投的投教陪伴，倡导投资者建立定投习惯、利用弱市提高投资胜率、坚持长期主义的投资理念。比如，博时基金在喜马拉雅推出的《玩转定投 20 讲》系列课程广受欢迎，单个专辑收听量破 131 万；嘉实基金 2022 年 4 月推出"嘉实微笑定投"投教年度专项投教活动；中欧基金的数据可视化投教视频栏目《欧基米德》；建信基金条漫栏目《定投养基》。

2. 基金产品类型投教

截至 2022 年 11 月末，公募基金数量 10405 只，产品种类、数量繁多，客观上增加了基金投资的难度。加大产品识别、筛选等选品投教对于保护投资者利益非常重要。

目前，基金公司开展产品投资投教定位主要分为两种：一是基于基金法律形式、运作关系、投资目标、投资对象、募集方式而展开的常规基金产品类型介绍，引导投资者认识常见基金类型和产品属性；二是基于资本市场创新而展开的业务创新类产品科普，比如科创板基金、北交所基金、养老目标基金、公募 REITs、FOF 基金等新兴产品的解读和科普，对投资者开展培训教育。

以"固收＋"产品的投教情况为例，近年来，随着银行理财净值化落地，公募基金承接了一部分传统理财外溢需求，以二级债基、混合债基为代表的"固收＋"产品进入公众视野。

博时基金作为固收领域的老牌实力派既推出了《固收的夏日海边茶会》创意投教直播，科普固收的整体分类及固收＋相关干货，也打造了《小飒带你聊固收》《固收＋请回答》《固收小课堂》等一系列由浅入深的投教节目。

嘉实基金的《嘉实固收＋》、建信基金的《解忧固收＋》等投教专题，从固收＋的内涵、种类、投资范围、固收＋与其他理财产品的区别等普通投资者关心的十个问题逐一展开专业分析,帮助投资者选择适合自己的产品。

3. 即时性行情解读和深度产业剖析相结合

每当市场剧烈波动时,基金的投资者教育与陪伴都会显得格外重要。基金公司积极运用新媒体传播手段,通过出品不同栏目、不同定位的投教陪伴,实现在不同市场行情和政策周期背景下对投资者全天候、知识性与时效性兼备的陪伴,让投资者及时收获市场资讯、投资专业知识、产业发展趋势及财经热点话题等。

为了帮助投资者捕捉趋势性投资机会、坚定长期投资的信心,基金公司以基金经理访谈、专栏解读的方式,对热门板块进行科普,对产业知识门槛较高的新能源、消费、科技、医药、高端制造业,则通过多种形式,进行内容拆解、逻辑展示。

博时基金,在及时性行情解读快速上,有《每日市场点评》《市场异动点评》《热点解析》专栏,在深度产业剖析上有《热点情报局》《大咖聊市场》《投资深一度》等直播和短视频栏目。博时基金还为各社交媒体如抖音、视频号、微博等平台专门打造专属短视频栏目,将专业的观点陪伴进行二次转化。《侃侃基金》《摆渡人说》《bosera热点资讯》等栏目传播量较高。

建信基金,在微信公众号、财富号等持续更新《每日播报》栏目,每日解读市场走势、资金动向、行业涨跌、投资机会等,近三年从未间断,每天向投资者提供及时、客观的市场数据,助力投资决策。

嘉实基金,在官方微信、微博和头条平台每个交易日推出《热点速递》,通过精选财经资讯进行市场热点解读,《焦点》栏目则是对宏观经济及金融市场政策分析解读、热门板块的产业政策解读,让投资者深度了解政策精神及热点板块的背景逻辑。为更好帮助投资人了解实体经济,熟悉不同的细分实体行业,尤其是新兴的产业,嘉实基金在《影响力》栏目下设置"行家行话"主题系列文章,邀请基金经理、研究员,以署名文章方式聚焦不同的细分领域,分享不同细分产业的发展趋势、投资框架等。《嘉实好奇心营地》是嘉实基金推出的一档用数据向大众解析行业热点的科普节目,主讲人都来自嘉实研究与投资团队,有丰富的投研经验,"数字有意义,投资有方向",节目的立意是把深度研究的成果深入浅出地传达给大众投资者。

除了开展常规投教工作，基金公司在"5·15全国投资者保护日""防范非法证券期货宣传月""2022年世界投资者周"等重要时点会联动多主体展开专项、系列投教。

基金公司还积极开展关于科创板基金、北交所、基础设施REITs、养老目标投资基金、宽基指数基金等专项投资者教育活动，并通过内外渠道积极拓展传播，提升了社会公众对于资本市场创新性产品的认识与参与度。

（二）形式更多元化、系列化、趣味化、纯粹化

随着移动互联网技术和社交媒体的日益发展，投资者教育体系的日趋完善，投教形式更加多元化、系列化、趣味化、纯粹化。新技术让投资者教育有了更多的可能性和覆盖面。

1. 由文字、长图向漫画、短视频、直播转变

新媒体手段日益丰富多元，直播、短视频抢占新的流量阵地，以内容的新颖丰富和强交互性得到用户的喜爱，受众习惯随之改变。基金投教紧跟传播规律，主动进行迭代，从单一的传统图文向符合社交新媒体时代受众需求的漫画、直播、短视频等形式转变。

基金公司不断创新投教叙事方式和传播载体，通过生动活泼的IP打造、定期直播活动、有趣有料的投教情景剧、投教动画、投教新媒体文章等形式，为投资者传递鲜活实用的投教知识。比如，建信基金针对想快速了解定投要诀的投资者，将定投技巧总结为十个四字要诀，对应围棋中的行棋技巧，推出《定投十诀》系列，将繁杂的信息简单化、系统化，方便投资者学以致用。

在技术时代，移动互联的App、数据算法，给基金投教提供了不一样的基本素材。针对基民的投资交易行为从数据入手，再进一步对交易行为进行投教更具备一定的说服力度。比如，用数据说明长期持有的投资者比短期持有的投资者盈利概率更大，相比枯燥的理论，用大部分人的行为分析，更具有感染力。

2. 由单一选题向系列化、模块化主题转变

近年来，投资者教育工作得到了监管机构、交易所和行业协会的高度重视。目前，中国证监会设有投资者保护专题专栏，上海证券交易所、深圳证券交易所设有专门的投资者教育基地，中国基金业协会官网设有投资者之家，为资本市场参与主体开展投资者教育工作树立了良好规范和指引。

在监管精神的指引下，基金公司投教策划能力和内容产出得到显著提升，开展投资者教育的工作方式方法更加成熟。以投资者需求和创新业务发展为导向，积极开展系列投资者教育，投教内容具有栏目化、特色化、差异化的特点，内容输出从单一的选题逐渐向系统化、模块化主题转变。

比如，一些基金公司开设的"小剧场""研究所""训练营"等投教栏目，背后实际上都是基金投资者教育的目的，通过系列化、模块化的主题形成固定的栏目，培养用户习惯达到长期陪伴的目标，也打造了投教项目的品牌影响力。

3. 由单信息输出向加强互动性转变

为了顺应投资者的需求习惯转变，基金公司积极拥抱新兴技术手段，调动资源，充分利用海报、长图、漫画、视频、H5交互、直播等多种媒介形式进行投教内容的输出，呈现形式更加多样丰富。

在文章传播上，结合新媒体特点改变文风，选题聚焦于受众关注的热点话题，采取生动的网络语言风格，更具有吸引力标题，提升投教内容的可读性。在海报、漫画条漫、视频呈现上，更加注重设计感，提升了视觉美感。同时，积极利用视频号、抖音平台、直播平台等新兴传播媒介，调动了用户的情绪和参与度，通过发送文字或表情包在线互动，答疑解惑，增强了互动性和参与性。

4. 由少量软性植入向单纯知识传播转变

我们看到，基金公司开展投资者教育工作的动机更加"纯粹"。基金公司投资者教育与基金营销职能严格分离，各自定位非常清晰，投教理念由"营销导向"向"客户需求导向"转变，内容陪伴知识纯度显著提升，兼具知识性和科普性。

博时基金成立的"投资者关系部",所产出的内容严格与产品营销分离,投教及陪伴内容"纯粹"。"博时视听中心平台"开设投教公众号"投资知识1号事务所"所有海报、文章、音频、视频、直播均为投资者陪伴定位,并在市场上涨下跌等关键时点通过不同社交媒体及各大销售渠道第一时间向投资者传递中立的观点知识。

嘉实基金日常在官网、自媒体公众号、视频号、直播活动的运营中,能够剥离将投资陪伴与产品营销的不同定位。《好奇心营地》《基金研究所》《风向》《焦点》等专门定位于投教陪伴的内容板块,并结合市场热点推送投教文章、视频。《基金经理已上线》《我是顾问》等直播栏目,通过邀请基金经理、投顾、研究员参与直播拉近和客户之间的距离,针对性地为客户答疑解惑,立足于为投资者提供专业、深度、投教内容,而日常基金营销工作则由其他栏目板块承担产品推介职能。

建信基金推出《解忧杂画铺》栏目,持续更新两年有余,通过手绘漫画打造两个IP:小V博士和小白喵喵,并通过两人场景化的对话解读行业热点信息和最新政策,及时有趣的漫画科普助力投资者掌握行业最新动态。

5. 投教产品传播线上、线下并行

近年来,公募基金管理人投教内容传播渠道以公司官网、微信、微博及其他自媒体平台为主。微信公众号作为各家机构主要的投资者教育宣传口径。抖音平台方面,各家公司官方抖音号投教内容深入浅出,意在打造一个普通投资者不仅能够"听懂",并且"用得上"的投资者教育,兼具实用性与趣味性,最大化利用碎片化时间。

除传统社交媒体的传播外,各家公司在线下亦开展投教活动。从线上到线下,通过不同渠道开展的投资者教育活动全面覆盖投资活动的各个环节,公募基金公司自有的投教品牌也逐渐树立起来。

6. 由单一机构宣传向渠道、媒体联合宣传转变

基金公司加强与重点渠道、主流媒体的投教合作力度,共同打造行业良好生态圈,通过投教内容"破圈",覆盖更广人群,提升投教内容传播力和影响力。主要合作类型有以下几种:

（1）与银行等金融机构合作。以招商银行为代表的金融机构代销平台合作形式丰富多样，如，中欧基金在招行平台定制"财富陪伴·金葵花在行动"专题；联合平台打造多款王牌流量投教、陪伴栏目；共建"投资降噪指南"，应对市场情绪低迷。博时基金与建设银行合作打造"可甜可盐的财富指南"系列投教直播专题，热度较高观看量超百万。

（2）与互联网代销平台合作。2021年，中欧基金、建信基金分别与蚂蚁投教组联合举办30场"蓝马甲"公益行讲座，将理财防骗知识带进社区和校园，为老百姓普及金融知识，增强防范诈骗意识。2022年1月12日，蚂蚁投教基地、蚂蚁财富联合博时、中欧、建信等多家机构举办"一年一度投教大会"，总结、交流2021年投教工作。

（3）与媒体合作。通过与主流媒体、基金垂类媒体等合作，基金公司打造了一系列投顾精品课程和文章专栏。比如，建信基金与中国证券报社合作《指数投资发展报告》，联合国际知名的指数公司富时罗素，被动投资领先的资管巨头贝莱德、道富，在投资顾问领域深耕多年、深谙海外养老金发展趋势的中介机构罗素投资和美世资管，以及国内知名的指数公司、银行理财子公司、基金评价机构、头部券商等专业机构共同撰写，旨在以专业、客观的视角为投资者全方位展现指数发展历程。此外，建信基金联合权威媒体合作指数基金专栏，以专业的知识和干货内容，覆盖有一定投资基础的投资者。

第二章 投教对于基金投资行为的影响

一、基金投资者画像

(一) 基民基本情况分析

1. 性别：女性基民比例略高于男性

年龄	男	女	总和
小于30岁	17.38%	15.29%	32.68%
30到40岁	14.14%	14.99%	29.14%
40到50岁	8.34%	10.79%	19.13%
50到60岁	4.80%	7.07%	11.87%
60岁以上	3.11%	4.07%	7.18%
总和	47.77%	52.23%	100.00%

图1　基民性别情况

数据来源：嘉实基金，截至2021年末

从性别分布情况来看，男性、女性用户比例分别为47.77%、52.23%，这说明女性用户更喜欢基金投资。

不过，在小于30岁的用户群体中，男性投资者占比略高于女性的投资者，年轻的男性投资者对于基金投资更加热衷。

在30—40岁这一年龄段中，男性、女性基金投资情况基本持平。

2. 年龄：投资者逐渐年轻化

从年龄结构来看，小于30岁的个人投资者占比最高，超过三成，达到33%；30到40岁的人群接近三成，占比为29%；40到50岁和50到60岁年龄段的投资者比例分别为19%和12%，60岁以上的人群占比为7%。综合来看，40岁以下人群比例较高。

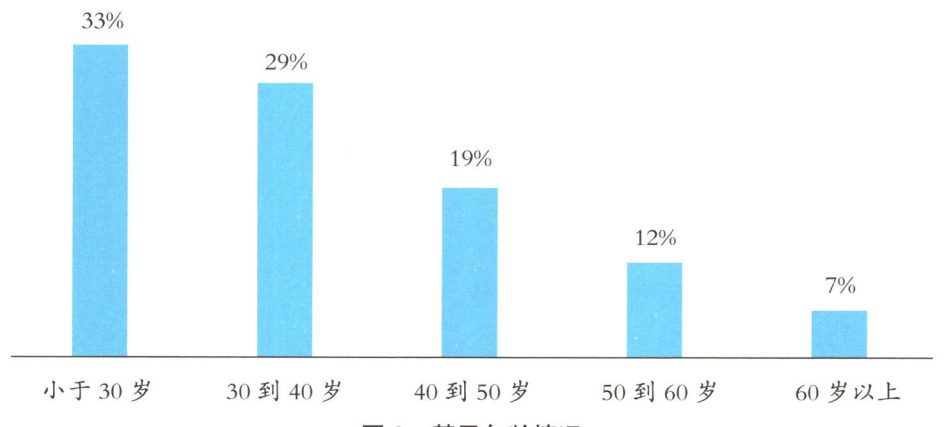

图2　基民年龄情况

数据来源：嘉实基金，截至2021年末

3. 地域：粤、苏、京、浙、鲁等地投资者占全国三分之一

占比超6%的包括广东、江苏、北京、浙江、山东。广东是本次调查中投资者最为集中的区域，比例为9.9%，其次为江苏，占比7.4%，北京、浙江、山东分别为6.9%、6.6%、6.3%，五地合计占比达37.1%。

占比在3%—6%的区域呈现南北分布均匀状态，分别为河南（5.6%）、四川（4.7%）、上海（4.4%）、湖北（4.2%）、湖南（4.0%）、福建（4.0%）、河北（3.9%）、安徽（3.6%）。

占比在3%以下的区域最多共21个，其中占比在2%以上的有江西、陕西、广西、辽宁、山西、重庆；占比在2%到1%的有深圳、云南、黑龙江、甘肃、贵州、新疆、内蒙古、吉林、天津；不足1%的有海南、宁夏、青海、西藏、香港。

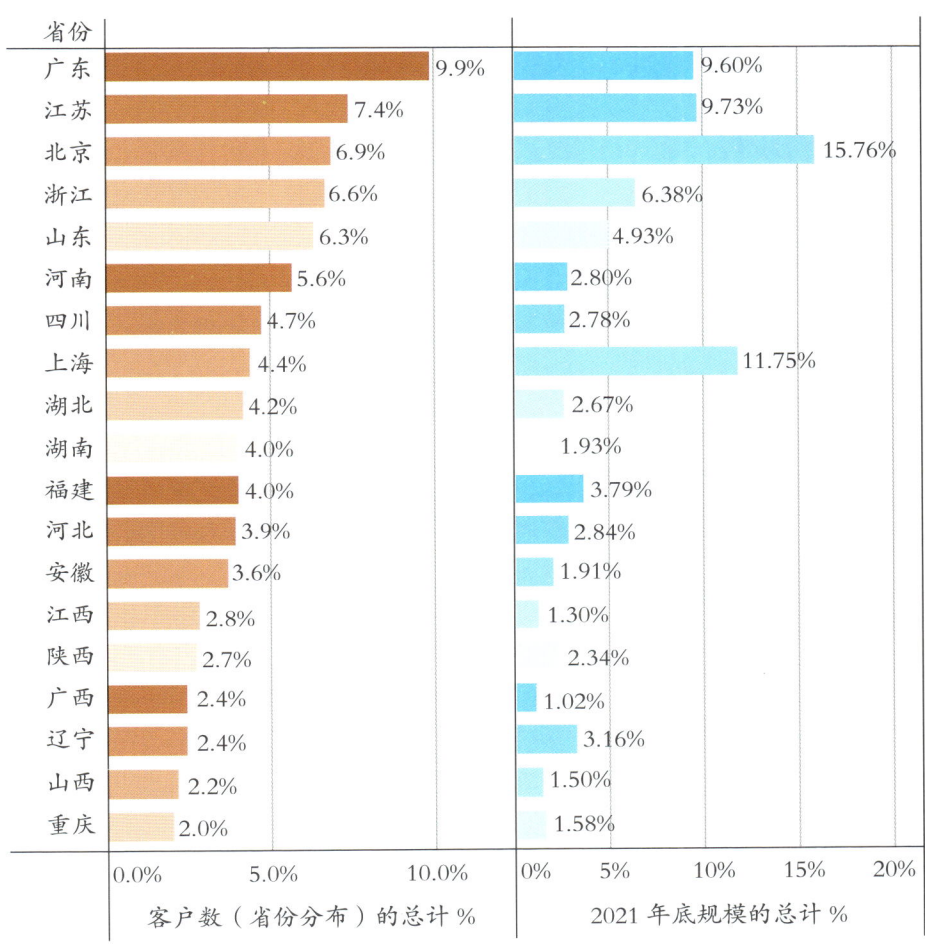

图3 基民所在地域分布情况

数据来源：嘉实基金，截至2021年末

（二）基民持有基金产品类型分析：近七成投资者选择主动权益类基金

根据基金业协会调查数据显示，基民更倾向于持有股票型和混合型基金。股票型基金被超过七成接受调查的个人投资者（74.1%）选择为公募基金主要投资品种，54.8%选择混合型基金。其他债券型基金（不含指数基金）、指数基金（不含ETF）、货币市场基金的选择比例分别是43.9%、40.6、22.9%。另有22.9%和22.6%的投资者选择货币市场基金和ETF；选择FOF基金、QDII

基金、其他基金的比例均不足10%。

二、影响投资者盈利的"投资行为"

（一）交易行为——容易受市场波动影响

1. 盲目跟风，追涨杀跌

在市场震荡加剧之时，投资者希望通过择时获取更高的利益，但上涨下跌往往出乎所料，市场趋势更是难以捉摸，导致很多投资者出现盲目跟风、冲动交易的行为，最终造成不必要的损失。

2. 过早止盈，频繁止损

面对浮盈与浮亏，许多投资者会出现见好就收或畏惧亏损的心理，结果或与大行情失之交臂，或因频繁止损而损失长线利益，归根结底是未能设置合理的风险偏好和收益预期。并且频繁申赎还会增加交易成本，无形中对收益也产生了负面影响。

3. 购买与风险承受等级不同的产品

市场上基金产品数量与种类繁多，投资者在选择时较为困难，许多人在不了解自身风险偏好与产品性质的情况下，就购买了与自身承受能力并不匹配的产品，这也是影响中长期投资较大的一个障碍。

（二）持仓状况——近九成投资者持有基金数量在3只以下

1. 持有基金数量集中

据不完全统计，持有基金数量在"3只以下"的人群占比最高达89%，其中，持有1只基金的占比约97%；持有"3—10只"的投资者占比为10.4%，持有"11—20只"和"20只以上"的投资者所占比例分别为0.4%和0.1%。整体来看投资者持有基金只数较为集中。

2. 持有基金类型单一

调查结果显示，投资者普遍持有基金类型单一，持有多种产品类型的人群仅占整体的10%，持有单一类型基金的投资者比例达90%，其中"单一持有债券型基金"的比例为12%，"单一持有混合型基金"的比例为28%，"单一持有股票型基金"的比例为50%。

（三）盈利状况分析

1. 不同交易行为的盈利状况

频繁交易的投资者，除了创造出更高的手续费用外，过短的持有期还可能降低投资的胜率及收益体验。

通过测算过去15年，任意时点持有不同类型权益类基金指数不同时长的投资者的收益状况，发现擅长长期持有的投资者，往往比短期持有的投资者有着更高的胜率。无论何时入场，只要持有时长足够，正收益的概率都将逐渐提升，甚至达到100%。

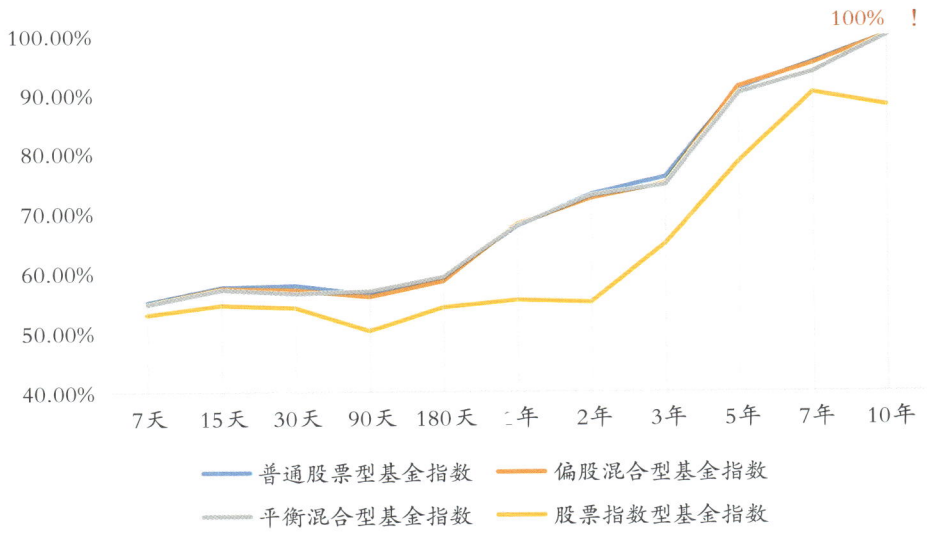

图4 权益型基金持有不同时长的正收益概率

数据来源：WIND，博时基金整理，2007.8.9—2022.8.9

此外，权益类基金长期来看具备争取更大收益空间的能力。随着持有时长的不断增长，各类型权益类基金的投资收益率也将实现持续增长。

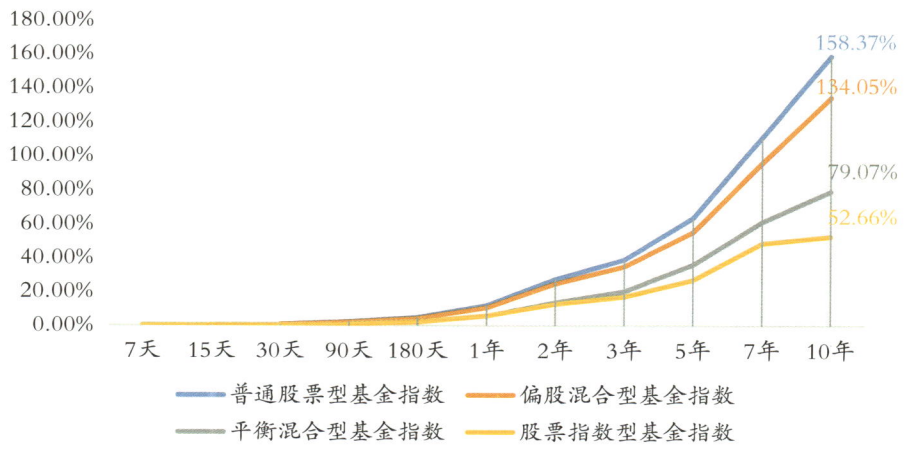

图 5　权益型基金持有不同时长的平均收益率

数据来源：WIND，博时基金整理，2007.8.9—2022.8.9

2. 不同持仓行为的盈利状况

从基金持有数量的角度，持有基金数量适中，比起过多或过为集中的配置，起到的风险分散作用较大，且不容易对收益造成拖累。基金研究机构晨星曾做过测算，当组合增加到 4 只基金时，波动降低到相对低点。而增加到 7 只时，再往后波动程度和基金数量就没有必然联系了。

图 6　过去十年不同股债配比收益率比较

数据来源：WIND，以周收益率为单位，区间 2012.8.10—2022.8.10，博时基金整理

从基金持有类型的角度，懂得合理的资产配置，分散布局不同风格的基金，相比单一品种及赛道的投资，能起到平滑收益曲线的作用。从过去十年不同股债配置权重的收益表现来看，满仓权益的收益固然最高，但均衡配置的收益表现也同样出色。沪深300指数在过去十年的收益为77.64%，而股债均衡的配置也能达到66.62%的收益。

而在增加债券资产打底的过程中，整体收益的波动将得到有效的控制。随着债券资产所占比重的提高，波动率呈现出逐级递减的特点。

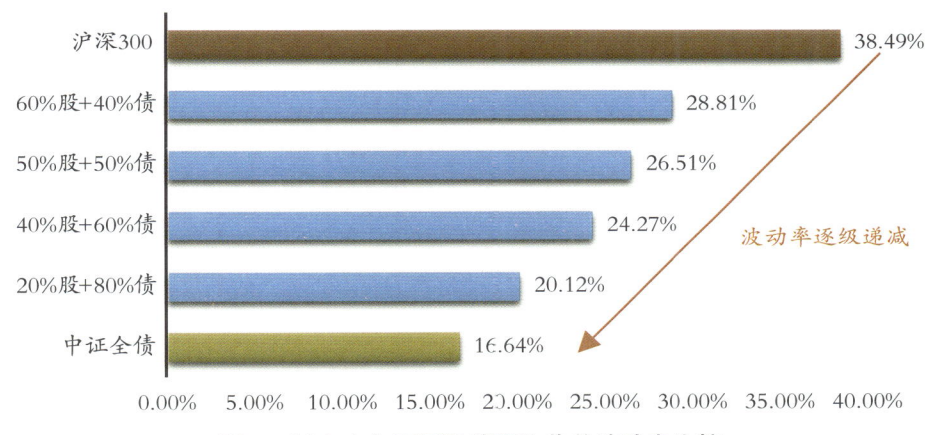

图7　过去十年不同股债配比收益波动率比较

数据来源：WIND，以周收益率为测算单位，测算区间2012.8.10—2022.8.10，博时基金整理

此外，学会分散布局不同风格的权益基金，有助于降低股票市场中的回撤和波动。从过去十年不同风格指数的收益表现来看，消费、成长风格表现最强势，周期、金融、稳定风格相对而言波动更小。倘若采取均衡配置这五大指数的方式，在市场出现大涨大跌时，便能有效控制波动，同时收益表现也较为居中。

图 8 过去十年不同风格指数收益率比较

数据来源：WIND 中信风格指数，以周收益率为单位，区间 2012.8.10—2022.8.10，博时基金整理

而从收益的波动率来看，消费、成长风格具备高收益、高波动的特点。一旦融合其他风格，采取均衡配置的方式，收益的波动将降低 20% 以上。

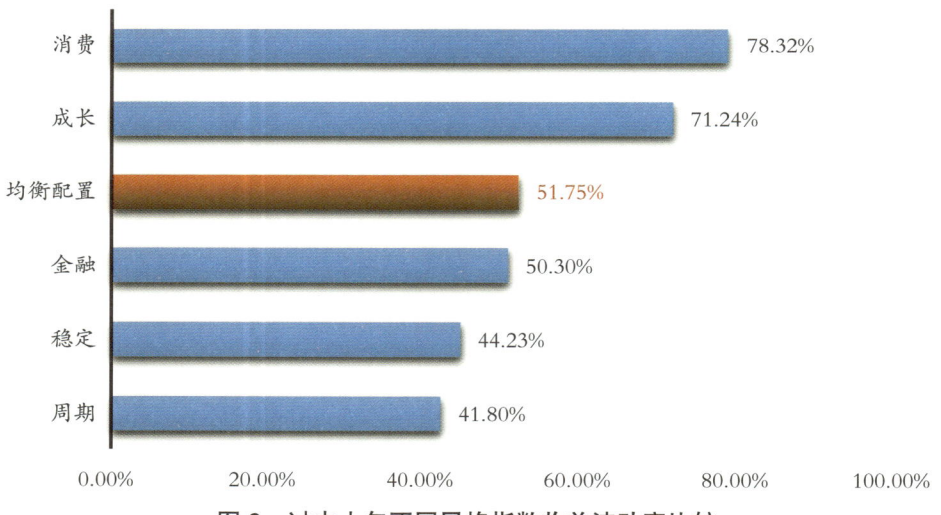

图 9 过去十年不同风格指数收益波动率比较

数据来源：WIND 中信风格指数，以周收益率为测算单位，区间 2012.8.10—2022.8.10，博时基金整理

三、投教对基金决策行为的影响

投教是一个缓慢、持久的过程，投教对投资者决策行为影响如春起之苗，不见其增，日有所长。我们从以下几个方面分析投资者教育工作对基金投资决策行为的影响。

（一）投资者更有耐心

从整体来看，近年来，投资者持有单只公募基金的平均时间越来越长。以建信基金为例，截至 2022 年 6 月末，个人客户总数超 6500 万，投资者持有单只公募基金的平均持有时间为 650 天。这一结果表明，随着投资者教育工作的进行，投资者在基金持有行为上表现得更有耐心。

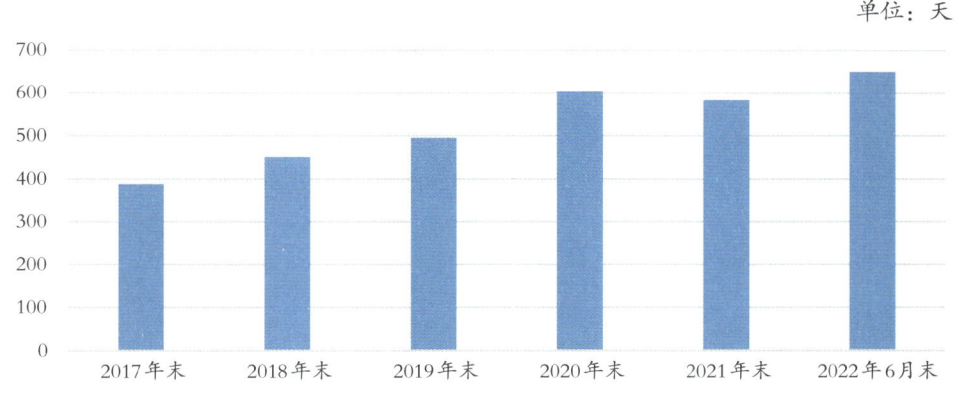

图 10　投资者持有单只公募基金的平均时长

数据来源：建信基金

从近几年不同持有时长的统计数据来看，单只公募基金持有时间介于一年至三年之间的投资者占比最大，并且持有更长时间的投资者比例在逐渐上升，持有时间少于半年的投资者比重呈下降趋势。截至 2022 年二季度末，持有单只公募基金超过一年的投资者占比为 51.97%，这一比例在过去五年有明显的提升。

表1 不同持有时间下的投资者人数占比

单位：%

	少于3个月	3—6个月	6—12个月	1—3年	3—5年	5年以上
2017年末	29.57	25.85	12.80	24.13	5.01	2.64
2018年末	21.16	12.39	21.93	34.72	7.69	2.10
2019年末	25.88	9.98	15.58	38.60	6.88	3.09
2020年末	20.15	10.90	15.26	34.92	14.01	4.76
2021年末	21.57	14.25	20.64	25.60	13.47	4.48
2022年6月末	17.66	11.88	18.51	32.71	13.40	5.86

数据来源：建信基金

（二）投资者更能"管住手"

随着公募基金行业的发展，投资者买入基金的频率在最近两年呈现较为显著的增长趋势。建信基金的数据显示，从2020年的约25次/半年提升到2021年的约30次/半年，但是，卖出基金的次数并未增加，一直维持在较为稳定的水平，约5—7次/半年。相较于买入次数，卖出基金的频次是降低的，投资者越来越能够"管住手"、能够"拿得住"基金。

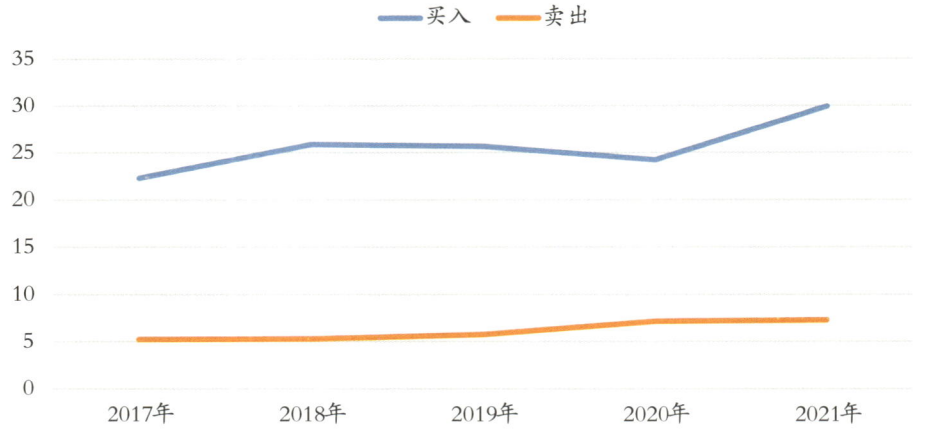

图11 投资者年内平均买入及平均卖出次数

数据来源：建信基金

（三）投资者更懂资产的分散配置

1. 持有多类基金的投资者占比提升

公募基金按投资标的可分为股票型基金、债券型基金、混合型基金、指数型基金、货币市场基金、FOF、REITs 等大类。统计数据显示，大多数投资者持有的基金类型数为一种，与此同时，最近五年，越来越多的投资者懂得"不要把鸡蛋放在一个篮子里"，逐渐选择持有不同类型的基金进行资产分散配置。仅持有一种基金类型的投资者人数占比从 2017 年末的 96.99% 降低到 2022 年 6 月末的 92.41%，持有三类及以上的投资者人数占比从 2017 年末的 0.35% 增加至 2022 年 6 月末的 2.93%。

表 2　持有基金类型数的投资者人数占比

单位：%

	一类	两类	三类	四类	五类及以上
2017 年末	96.99	2.65	0.29	0.05	0.01
2018 年末	97.57	2.19	0.20	0.03	0.01
2019 年末	97.82	1.96	0.19	0.03	0.01
2020 年末	93.42	6.15	0.35	0.06	0.02
2021 年末	95.05	4.54	0.34	0.06	0.01
2022 年 6 月末	92.41	4.65	2.25	0.44	0.24

数据来源：建信基金

2. 持有多只基金的投资者占比提升

据统计，2017 年至 2022 年二季度，大部分投资者的持有基金数量为 1—2 只。同时，持有 3 只以上基金的投资者比重在逐渐上升，这一比例从 2017 年末的不到 1% 提升至 2022 年二季度末的近 3%，单个投资者持有基金的数量增加，可见越来越多的投资者懂得进行分散投资。

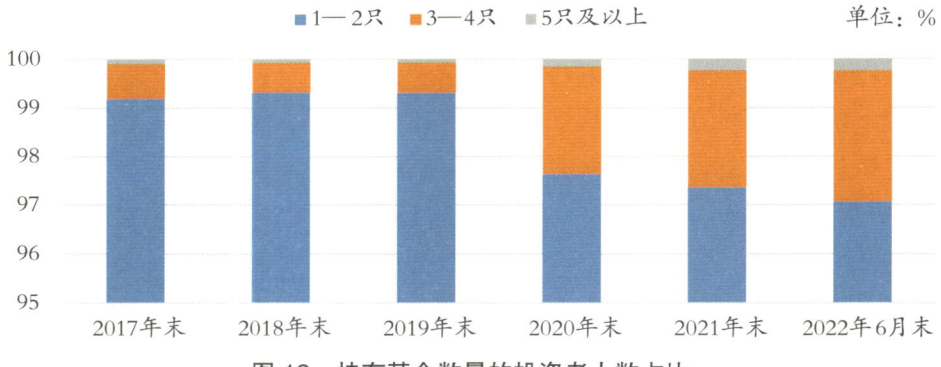

图12 持有基金数量的投资者人数占比

数据来源：建信基金

（四）投资者更"聪明"

本部分数据对应的用户群体主要为与建信基金具备定投接口的销售渠道数据，以及有基金定投协议的交易数据，所用的数据具有很强的代表性，但并非建信基金旗下所有产品的定投数据。

1. 定投用户数量近两年明显增加

分析近几年的定投用户数据，2019年之前，定投用户的数量变化不大，或者说没有表现出明显的分布特征。但是，定投用户数量在最近两年呈现出一定的增长趋势，可见基民选择更聪明的"定投策略"的意愿提高。

表3 定投用户人数

2017 年	2018 年	2019 年	2020 年	2021 年
419976	416129	387738	421188	478320

数据来源：建信基金

2. 人均定投金额不断增长

近年来，定投用户的人均定投金额呈现出逐年增长的趋势，2021年和2022年的人均定投额均出现较大幅度的增长，尤其是在2022年上半年市场震荡的行情下，人均定投金额已超过4000元，接近之前年度全年的水平，预计2022年全年人均定投金额将超过6000元。持续增长的人均定投额反映出越来越多的投资者能够坚持定投。

单位：元

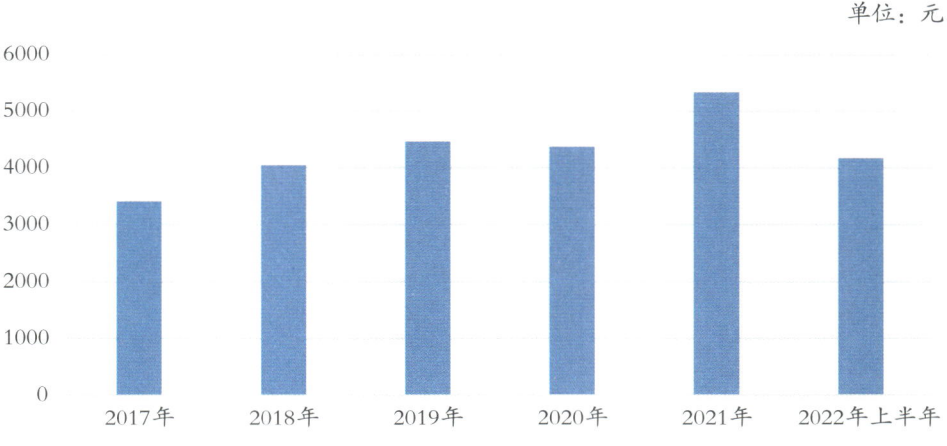

图 13　各年度人均定投金额

数据来源：建信基金

（五）小结

近五年来，随着投资者教育工作的深入展开，投资者分散投资、多元配置、长期投资的意识明显有所提升，同时基金定投策略也得到更广泛的普及。综上，我们认为，投资者教育工作对投资者的投资决策行为提供了切实有益的帮助，在一定程度上有助于投资者养成良好的投资习惯并优化投资方法，从而改善长期投资效果。

第三章 提升基金投教工作的思考与建议

作为促进公募基金行业高质量发展的关键一步，投资者教育工作已经成为基金行业越来越重视的工作。通过前面分析，我们看到在金融基础知识普及、倡导长期投资、提示非理性投资行为等方面，投资者教育工作都起到了积极的正向作用。

但与此同时，基金投资者教育工作也存在一些亟需解决的问题。首先，目前投资者教育内容仍欠缺体系化的梳理，缺乏对不同人群画像的定制化、系统性内容。其次，基金投资知识偏专业，对于许多初入门的个人投资者而言有一定的门槛，如何平衡投教知识的易懂性、趣味性和专业性，对于基金公司而言仍是一大挑战。第三，买方投顾业务目前处在起步阶段，尚待发展。

大力发展投资者教育工作是提升基金投资者获得感的重要手段。围绕提高投资者的认知、技能与信心，需要基金公司、基金销售机构、投顾机构、媒体等各行业的共同努力。为促进未来基金投资者教育工作的进一步发展，我们根据过往开展投资者教育的经验和教训，尝试对未来投资者教育的发展提出一些建议，希望能对行业推进投资者教育有所助益。

（一）从投资者需求出发，强化投资者教育的互动、反馈机制

目前，投资者教育更多是自上而下的信息传递模式，投教内容更多是传递基金知识来满足投资者对于基金投资盈利目标，这造成了投资者对于基金

投资的波动、风险认知与实际持仓体验严重偏离，使得市场上基金投机主义现象盛行。

基金公司应在投资者教育工作的立场和框架上明确基金的属性，引导投资者真正认识到基金投资的本质，从而建立长期、可持续的健康投资观念。同时，要注重倾听投资者的声音，加强对投资者教育的反馈工作，真正从投资者需求出发，更好地生产符合投资者需求的投资者教育内容。

（二）聚焦不同人群的多样化需求，搭建完善的投资者教育内容体系

随着基金投资的普及，不同年龄段、不同地区的投资者投资需求呈现出多元化、差异化的特征。一方面，基金公司可以联合权威调研机构，通过定量和定性等手段，对不同投资者人群进行调研，科学掌握不同投资者人群的投资偏好和理财需求；另一方面，基金公司可以聚焦重点人群的需求，通过创新性的内容和多样化的渠道输出定制化的投资者教育内容。

城市（尤其是三四线城市）居民的理财配置需求在大幅增长，但自身专业认知有限。对于这类人群，基金公司要主动走进，通过线下讲座、社区展位、电视直播等形式，介绍基金投资基础知识，帮助其树立理性投资的理念。

老年人群往往面临金融诈骗等问题，基金公司可以积极走进社区，设置宣传点和开展线下讲座，帮助老年人掌握防范非法集资和电信诈骗的方法，同时向老年投资者重点普及个人养老金制度和第三支柱下规范化的养老金融产品，满足老年人的理财需求。

针对目前迅速增长的年轻人投资群体，基金公司可以通过短视频、直播、漫画等年轻人喜闻乐见的形式来进行投资知识普及和风险教育。还可以联合高校，通过走进校园、开设财商课程、大学生理财知识竞赛等形式，引导年轻人树立正确的投资观。

通过搭建分层次、系统性的投资者教育内容体系，满足不同投资者群体的投资需求，引导广大投资者理性投资、长期投资，促进整个资本市场的健康发展。

（三）围绕内容创新和形式创新，提升投教内容的可读性和易懂性

投资者教育工作推进的一大难点在于如何把专业性的投资知识以有趣且合规的形式传播给投资者。近年来，互联网和金融科技的发展，为投资者教育形式的多样化创造了条件。直播和短视频等新媒体投教一方面帮助基金公司触达到更多的投资者群体，另一方面有效提升了投资者学习投资知识和技巧的积极性。根据中国基金业协会发布的《全国公募基金市场投资者状况调查报告（2020）》，基于互联网的视听化新媒体形式是投资者最喜欢的投资教育形式。

新媒体的内容传播虽然普及性广，但有一定的局限性，往往仅适合基础的投资知识科普。有鉴于此，基金公司应积极通过线下讲座、座谈会等面对面的形式进行更深度的投教活动，解答投资者的疑问，满足投资者对深度投教知识获取的需求，全方位地提升投资者的知识水平。

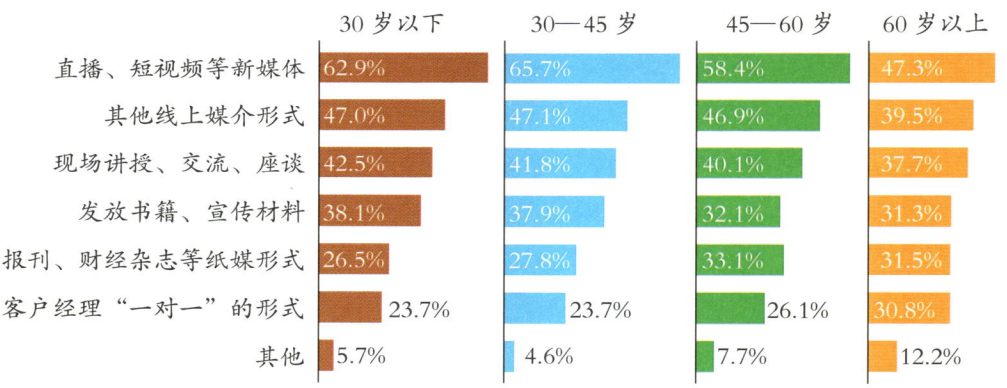

图　2020 年受调查个人投资者最喜欢的投资教育形式
资料来源：中国基金业协会

传统的单向的投教方式，往往对于投资者行为的改善有效。除了线下活动注重双向互动外，基金公司可以尝试通过互动视频，借助 VR/AR 等形式，增强投资者的参与感，引发其自主思考并反思非理性的投资行为。

需要指出的是，作为专业投资机构，公募基金在探索投资者教育的内容

和形式创新的同时，必须注重专业、诚信与合规，严禁娱乐化。在平衡投教创新与合规方面，重点是让投教业务回归本源，避免销售导向，而坚持以投资人利益为先。

（四）加快买方投顾业务发展，提供人性化的全流程服务

公募基金的投资者教育工作确实有帮助投资者树立正确的投资观，但在切实改变投资者非理性的投资行为方面仍作用有限。细究原因，投资者无法践行正确的投资理念，有的可能是由于缺乏相关的专业知识，而有的可能是因为"有限理性"。

投资往往存在"反人性"和知易行难的特征，在复杂多变的市场环境下，投资者往往需要借助一定的外界力量来真正践行正确的投资理念。而投顾业务正是帮助投资者获取更好投资体验的有效途径。投顾业务对客户的帮助体现在降低投资者的非理性行为损耗，以及改善投资者的投资体验和问题解决体验。

根据中国基金业协会的调查，在被问及对投顾服务的需求时，2020年73%的投资者对基金投顾服务有兴趣，其中，67%的投资者明确需要投顾服务。在阻碍投资者长期持有基金的原因中，46%的投资者提到"基金选择困难，需要专业投资顾问的帮助"。

参考海外成熟资本市场经验，投顾业务是财富管理行业发展的方向，有利于实现千人千面的投顾服务，并提升投顾触达人群和服务效率。目前，美国投顾行业较成熟，2021年投顾管理客户资产128.5万亿美元，SEC注册投顾管理美国客户资产占美国居民金融资产的比例高达80.4%。而目前我国的基金投顾业务仍处于起步阶段，无论是持牌机构数量和管理规模，还是可投产品范围，都有更广阔的发展空间。在渠道布局方面，国内基金投顾机构仍以线上为主，大多数基金公司选择在银行和第三方代销机构上线投顾产品，并通过线上直播、短视频、文章等形式进行投资者教育和陪伴。

为客户创造价值是投顾发展的关键。投顾服务应贯穿于投资者投前、投中、投后的全投资生命周期，为投资者提供全流程的陪伴服务。我们相信，

随着投顾业务可投资产范围的扩充、收费机制的多样化，以及智能投顾的发展，基金投顾业务将通过全流程和智能化的服务为投资者提供更优的服务体验，帮助投资者提高基金投资获得感。

（五）汇聚多方力量，推进投资者教育工作再上新台阶

事实上，多方合作是提升基金投资者教育的广度和深度的关键。除了基金公司，监管机构、协会、媒体都发挥着非常重要的作用。

2021年起，中国基金业协会发起"一省一司一高校"投资者教育活动，主要面向三四线城市居民、高校学生等投资者普及金融知识，传播长期投资和价值投资的理念。该活动携手多家基金公司、基金销售机构、券商、高校等机构，有效地整合了多方资源，取得了较好的投教成果。

在媒体方面，目前，基金公司积极借助媒体力量宣传投资者教育，通过开设日常投教专栏、发布市场观点、提示市场风险等，引导投资者进行理性投资。

基金销售是触达投资者的重要环节，基金公司和基金销售机构都非常注重投资者陪伴，希望通过陪伴帮助投资者以知行合一的方式践行长期投资的理念。未来，基金公司可积极联合基金销售机构进行投资者行为和投资体验的调研，为投资者提出可行性的建议。

投资者教育是资本市场长期发展的根基，加强投资者教育工作已经成为监管、协会、金融机构、媒体等多方的共识。随着未来多方合作范围的拓展和合作内容的丰富，基金投资者教育工作必将迎来新的高潮，再上新的台阶。

第四章　基金投资者教育部分案例点评

一、《公募权益类基金投资者盈利洞察报告》：用数据说话

投资者买基金到底有没有赚钱？如果没赚钱，是什么在影响他赚钱？一个全面且真实的盈利统计分析十分必要且紧迫。

2021年，景顺长城联合富国基金、交银施罗德基金统计了旗下4682万主动权益类基金客户的账户共计5.65亿笔交易记录数据，寻找影响基金投资盈亏的关键因素，并在中国证券报带领下共同形成了《公募权益类基金投资者盈利洞察报告》。

报告客观真实地呈现了 4000 多万投资者整体的盈利状况，深入分析了基民投资过程中各种行为与回报的关系，提出了提升投资收益的"加分项"和"减分项"。投资者第一次通过盈利大数据了解到真实的盈利状况和投资行为的影响，具有很强的说服力。很多数据是首次披露，比如三家公司的申购数据、旗舰产品的客户盈利情况、个人客户和机构客户的对比情况等等。

报告开创性地将难以把握的投资难题转化为更具象的问题来解答。通过提出基民投基收益等式：基民投基收益＝基金损益＋基民行为损益，来分析影响基民收益的因素。一方面，基民收益受到无法控制的市场波动、基金经理投资水平等客观因素影响；另一方面是基民的投资行为这一主观因素，而基民"操作"给收益带来的损耗率接近－60%。

报告发布前后，景顺长城针对报告中提及的影响基金投资者盈利体验的投资行为、产品因素等关键点，结合趣味短视频、公众号文章、投教漫画、媒体资讯等形式进行全方位传播，在业内引起广泛关注解读，媒体、自媒体各平台对报告内容进行了积极主动的传播。报告发布当月，全网较为独立完整的曝光文章数量超过 3000 条。

二、《博时小剧场》：基金投教融入微电影

微电影：这个投资不太冷

基金投教篇

微电影：一代导师

金融投资者逐渐年轻化，互联网社交平台不断升级内容逻辑，投教内容在两个大趋势的变化中同样需要迭代和升级。针对平台传播内容与平台传播属性的研究，博时基金推出了适合短中视频平台传播的投教系列内容——《博时小剧场》，用微电影的方式，将投教知识融入其中，创意趣味性十足。

小剧场剧集结合演绎当下热点事件、流行梗、致敬经典电影等模式，搞笑中带有干货，突出投资知识主题，并分解式的讲解不同的投资知识和技巧。《一代导师》《基金公司策划会》《以案说法》《这个投资不太冷》《卖火柴的麦鹭涨》《投资神壶》《基金心理分析室》《凑近科学》等被广泛传播，投资者持续追剧。该系列剧上演以来每一期都获得较高收看量，单期平均浏览量40万＋，并荣获第一财经"意气相投，做头等大事"投教作品金奖、"深圳居民金融素养提升短视频宣讲活动"一等奖和艺术创意奖、蚂蚁财富颁发的年度最佳投教奖等多个奖项。

小剧场中的人物延展出系列性深度性的投资知识宇宙，带领投资者系统性由浅入深学习投资知识，如《小飒带侬学固收》《大聪明的黄金课》《小卓带你学指数》等等。受众粘性强，内容吸收好。《博时小剧场》及其知识宇宙从量化指标及阶段性成果来看均超出目标预期。

三、《好奇心营地》：深度投研趣味化

不同的时代有不同的 Beta，穿越周期并不断壮大的 Beta 才是长期收益的源泉。投资需要选发展势头好的"富矿"行业，这就要求投资者要对行业赛道发展趋势有一定的了解。为加强投资者对重要行业、赛道的认知和了解，嘉实基金乘着视频大发展的浪潮自 2021 年推出《好奇心营地》特色投教视频节目。

《好奇心营地》特邀请嘉实基金各投资赛道的资深研究员，基于嘉实基金独特大数据基地 Datalab 的数据来源，将深度投研趣味化降维。针对时下热议的投资主题，《好奇心营地》围绕数据、产业链、商业模式等多维度进行专业科普，覆盖面包括新能源、科技、消费、医药等和大众密切联结的行业赛道，力求通过有趣、有料的观点，帮助投资者更深入了解行业投资机遇，捕捉投资机会，辨别投资风险。

《好奇心营地》第一季 10 期上线以来受到投资者的广泛关注和好评。截至 2022 年 9 月末，该栏目结合社会热点及热门投资板块，通过基金经理真人出镜详细向投资者解读了元宇宙、智能汽车、自动驾驶、冰雪产业、半导体、功

能性护肤品、国产美妆、低糖饮料产业、REITs等产业现象背后的逻辑，致力于满足投资者对有趣知识的好奇心。目前第二季正在陆续创造推出中。

四、《牛欧欧打卡红山动物园》：创新投教"玩"法

如何吸引投资者有兴趣学习，是中欧基金投教工作长期思考和不断尝试的重要课题。基于90后年轻人已成为基金"主要"投资客户群，中欧基金2022年正式推出陪伴IP——好运牛欧欧，作为拉近与投资者关系的重要纽带。牛欧欧以可爱、积极向上的形象，成为中欧基金各类投资者教育栏目的主人公。同时，中欧基金洞悉新时代需求，注重投教"创新化"，不断探索更有趣、更有创意的投资者陪伴及教育形式。

2022年8月，中欧基金尝试让牛欧欧走进南京红山动物园开启"动物特长班"，将动物知识与基金投资知识相结合，用创新的陪伴方式去做线下投资者教育活动，吸引了超4亿人次的关注度。

此次"动物特长班"的活动通过设置"全网寻牛"的悬念话题，以"寓教于乐"的方式让小朋友可以学习到动物特长知识，而家长们则在其中也关注到中欧基金与牛欧欧的"特长"，学习到基金知识的同时，也与大小朋友们共同成长，感受到陪伴的意义。

现场，牛欧欧和小朋友们亲密互动学习动物知识和基金知识的同时，还带来了诸多具有纪念意义的礼物，有大牛和小牛的扇子、牛欧欧身高尺寸，在父母的陪伴下、牛欧欧的见证下，共同学习，相互陪伴，记录成长。

五、《秒懂基金》：趣味动画指数投教

根据投资者风险偏好和专业度，建信基金建立了完善的投教矩阵，涵盖权益、固收、指数、养老、市场解读、投资方法等多个维度。"指看建信"之《秒懂基金》系列动画视频，是基金行业较早的投教类动画视频，在市场上有着广泛的影响力，2020年获得了由媒体评选的中国公募基金最佳营销策划案例（最佳视频）奖。

自 2019 年上线以来,《秒懂基金》已发布 12 期,每期介绍一个指数知识点。其中,4 期为"基础系列",以介绍"指数""指数基金"的核心理念、投资逻辑的系统科普为主,详解指数的构成、分类、投资优势及定投的特点、优势、基本投资原则、合适产品挑选技巧等;8 期为"热点系列",以介绍创新指数产品及其应用为主,包括 Smart Beta、指数增强、ETF/ETF 联接 /LOF 介绍、商品期货 ETF、黄金 ETF 等创新热点产品。视频内容深入浅出,详实生动地介绍指数背后的故事,让投资者更好理解、更易学习指数基金相关的知识。

六、《周五万事屋》:系列化手绘指数科普

漫画科普长图《周五万事屋》是建信基金打造的品牌投教栏目。每周五,对当下的指数热点,或指数相关的趣事,以手绘漫画的形式呈现,漫画涉及各个维度,包括不同指数类型的趣味介绍和对比、结合市场环境的投资建议、各类特色指数的介绍、正确投资理念的倡导等。

《"平均"不平庸是指数基金的低调》、《A 股市场上的文武双全型选手》等介绍了不同指数的特点和差别;《抄底最痛抄在半山腰,怎么破?》、《你的定投为什么不赚钱?》等结合市场环境给出差异化的建议;《小盘宽"鸡"的三维快照》、《给你一个支点,能否撬动指数》、《A 股行情的"先知鸭"》等介绍了不同的特色指数,丰富投资者的指数知识体系;《你不知道的真相才最"致命"》、《看短期排名买基金有多不靠谱》等介绍了短期排名的局限性,引

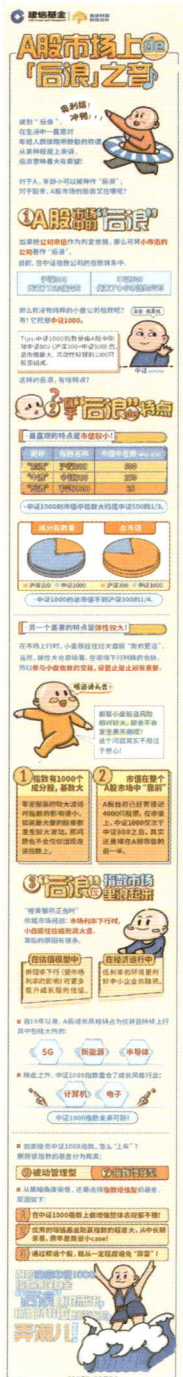
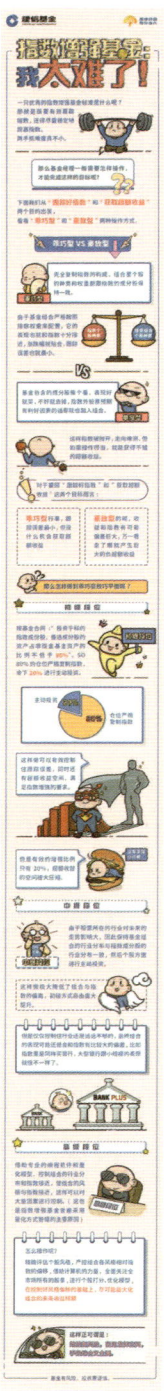

导投资者树立长期理性投资的观念。

《周五万事屋》栏目自开设以来，涵盖内容多样丰富，形式轻松活泼，对应"周五"心情，同时呼应栏目主题"万事屋"，广受投资者喜爱，吸引了一大批粉丝。

七、《心动的投资》：让投教更年轻化

随着我国新生代人群成长为社会中坚力量，金融机构年轻化转型已成大势所趋。各大金融品牌也逐渐开始致力于进行品牌年轻化转型，积极向年轻投资者靠拢。如何将专业投资知识变得更简单和容易理解，成为了每家金融公司都在积极探索的课题。

上投摩根和中信证券联合出品了新型投教综艺节目《心动的投资》，把综艺元素引入了投教内容，取得了不俗的效果。该节目邀请了券商的联席首席策略分析师、上投摩根资深基金经理、知名财经博主，中信证券专业首席客户经理、以及基民、特别是年轻投资者。通过他们之间的对话，带给观众不同视角、不同故事和见解。其次在形式上，邀请了专业节目制作团队，无论场景还是环节的设计、音响画面都非常专业。在内容上，该节目环节尽量寻找投资者最关心的知识点、痛点，坚持专业的价值投资理念，把每一个知识点进行拆解、打碎，每一次就讨论一个具体问题，用最通俗的口语化方式讲

解清楚。最后，精美的包装也为节目增色不少。

这是基金公司和券商联合投教的一次创新尝试。轻松活泼的形式、高质量的直播内容和创新型的分享互动模式，让晦涩难懂的专业投资知识变得容易理解。该节目首播当晚全网收看人群就已超 200 万人次，后续曝光人次超过 1000 万人次，是上投摩根基金和中信证券在投教年轻化创新探索的重大里程碑。

八、《博时 FM》系列音频：深度场景的深度学习

博时 FM 音频投资课程系列开播后迅速成为爆款，累计收听量 500 万＋。其中，《玩转定投 20 讲》《从 0 开始学资产配置》《小白的公募基金指南》多次登上喜马拉雅平台商务财经板块必听课，连续获得喜马拉雅年度最佳人气主播、最佳内容创作奖。

短视频、热点文章的分析，适合碎片化的知识传播，真正能帮助投资者系统性理解投资架构、了解市场，必须从专业的角度切入，制作通俗易懂且连贯带有趣味性的课程，解决深

入学习的痛点。而音频场景更好地结合深度学习的特点，可利用上、下班开车时间、做饭时间、洗漱时间等，每天听一节课程，系统知识很快可以完成系列打卡。该系列在喜马拉雅平台广受投资者欢迎，并没有时效限制，干货内容可永久性打卡学习。

九、"嘉实微笑定投"：全链条专项服务

2022年4月以来，嘉实基金推出"嘉实微笑定投"子品牌宣传片。

波动是市场的常态，也是收益的来源之一。为了提高投资者弱市布局的胜率、改善短期浮亏的持基体验，2022年6月9日，嘉实基金推出了"嘉实微笑定投"子品牌。

和传统定投不同，"嘉实微笑定投"通过提供"微笑定投策略＋优质定投产品推荐＋全流程、多维度、长周期的专属内容陪伴"全链条服务，帮助投资者提高投资体验、坚定长期投资的信念。

在专属内容陪伴方面，"嘉实微笑定投"围绕长期主义、价值为本、以客户为中心等原则，搭建了"理念塑造，场景触达，实操指导"的内容链路，以短视频、条漫、直播、知识卡海报、案例分析专栏等形式展开系列专题投教。从子品牌发布以来，以上述形式精心创作内容150条，实现了高频优质内容投放，和多家银行、券商、第三方销售渠道联动传播，全网浏览量超百万。

（真人答疑视频栏目《微笑领投人》，专家解答定投疑难）

（条漫系列《定投必计划》，结合场景塑造理财和实操指导）

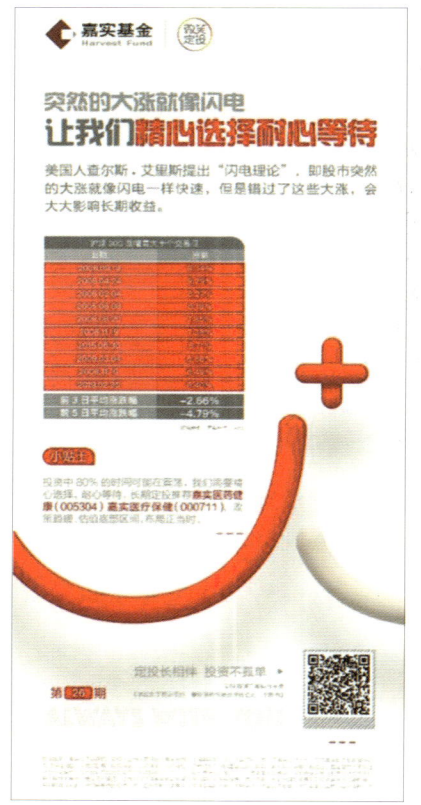

（定投知识卡系列《定投长相伴》，用数据论证定投可行性、有效性）

（案例分享专栏《定投有我》，基于真实定投经历、经验分享，给出建设性意见）

（直播栏目《我是顾问·定投时间到》：针对定投难题，广邀基金经理、投资顾问、行为心理学专家来提供顾问指导，涉及亲子教育、安家置业、养老、健身、行为养成等）

十、《牛欧欧的光阴故事》：与投资者共创投教内容

根据韦奇定律，人作为一种社会性动物，很容易受到他人影响。正因如此，中欧基金2022年积极尝试改变过往传统单向输出、单向教育的形式，开发全新栏目《牛欧欧的光阴故事》——让投资者自己成为主角，讲述与投资有关的故事，以双向互动共创的形式与投资者共同完成投教内容的创作；同时，也给其他投资者带去更真实可信的精神共鸣、心理按摩及正确的投资好故事。

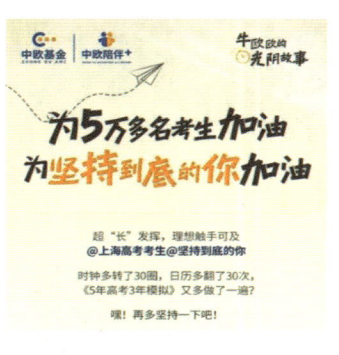

内容方面,《牛欧欧的光阴故事》甄选全年节点或热点,以多样化情绪点和故事线,引导投资者分享自己的投资生活故事,通过真实故事,让更多投资者在更强的代入感中,找到自己所面临的投资问题的参考答案。目前,栏目已结合上海高考、七夕和教师节,推出三期内容,总播放/阅读量超过36万,产生高质量 UGC 超 400 条。

十一、《基金小蓝车》:行动的投资补给站

作为"一司一省一高校"第一批开展投教活动的十家基金公司之一,2021年,上投摩根启动了《基金小蓝车:行动的投资补给站》投教计划,以

趣味的方式和实际行动普及专业基金投资知识，向广大投资者传递坚持长期的投资理念。

一年间，上投摩根投教人员走进多个三四线城市的基层社区，深入浙江多所高校和一些上市公司的工厂车间，宣传投资法律合规知识，传播长期投资、价值投资等理念，调研投资者投资数据，接受一线的反馈和提问。这种深入实地的投教活动，不仅直接有效地传递了投资知识，还获得了大量的一线信息，让投资距离投资人更近。

在浙江嘉兴万达广场，上投摩根打造了一场"沉浸式"基金投教主题快闪活动。活动现场不仅有快闪装置的趣味体验，还安排了专业讲师团现场答疑，送出了上千份《基金投资第一课》知识地图，活动现场人气火爆，新颖有趣的形式备受当地群众欢迎。

截至目前，上投摩根已开展超过 70 场的实地投教宣讲，1 万人次的现场宣讲覆盖，线上传播曝光超过 2000 万人次。

十二、《和你在一起》：认识你的基金经理

2022 年初，在市场大幅下挫的背景下，景顺长城启动"和你在一起·认识你的基金经理"系列投教活动，围绕基金经理投资风格，帮助投资者更加了解基金经理，构建起认识、分析基金经理的知识框架。

景顺长城 2019 年做的投资者调查显示，"认识基金经理"是投资中的一大障碍。44% 的受访者表示，投前应该关注基金经理，但是有相近比例的受访者也表示，买入前的决策障碍就是"不熟悉基金经理，没法判断其好坏"，还有 16.85% 投资者表示希望基金公司"不定期举办线下活动，与基金经理面对面交流"。

因此，在努力做好业绩之外，景顺长城尝试做一些事情，拉近投资者与基金经理之间的距离，帮助投资者更加了解基金经理，掌握分析基金经理的方法论，从而能够选择到适合自己的基金经理，为布局未来做好准备。

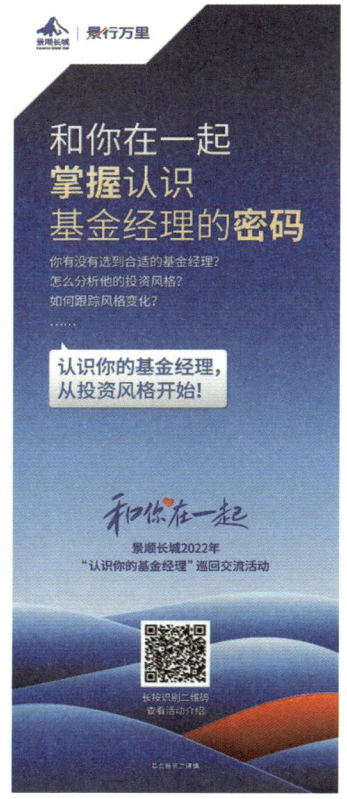

　　该系列投教活动于2022年3月启动，贯穿全年。线上，一方面，推出"景鲤陪伴日"直播以及"认识你的基金经理"专栏文章，选取"为什么判断波动会加大，就是不调仓？"，"成长与价值风格到底有什么区别？"，"什么样的投资风格适合什么样的市场？"等十个话题帮助投资者系统构建基金经理投资风格的分析框架。

　　另一方面，制作"投资风格"系列动画，科普什么是投资风格、基金经理的投资风格如何形成，会不会变化等话题。并推出投资风格系列专栏文章，介绍主流投资风格及不同风格下基金经理行为特征。同时，选取投资者所感兴趣的中生代、新生代基金经理，做投资风格解读，学以致用。

　　线下，景顺长城推出"景行万里·认识你的基金经理"客户交流会，与大家面对面沟通交流认识基金经理过程中的重点和难点。

此外，景顺长城还将联合上海证券推出《认识你的基金经理》书籍，系统性梳理认识基金经理投资风格的方法论，构建起分析基金经理的知识框架，选择到适合自己的基金经理，从而提升获得感。

十三、嘉实基金抖音号：从冷启动到精细运营

近年来，随着数字化营销策略应用于品牌升级，嘉实基金也开始借助中短视频、直播等高效连接路径直达受众。通过多元内容触达、开辟线上服务场景，力争实现投教陪伴、运营转化的服务闭环。

短视频的爆发式增长也带来了用户获取信息方式的改变，为了给投资者提供真实、理性、专业的即时信息和投教陪伴，嘉实基金投入资源搭建并不断完善新媒体矩阵。在原有官方微信公众号、视频号、头条号、雪球号基础上，2022年嘉实基金抖音官号冷启动运营，在明确用户画像的基础上，嘉实结合短视频平台"短平快"的传播特点对现有投教内容的形式进行改造优化后，开设"财经小课堂""行业风向标""好奇心营地"等固定栏目。

整体来说，嘉实基金作为一家公募机构入局短视频平台虽然较晚，但通过深耕内容、精良制作实现赶超。截至2022年末，嘉实基金抖音号粉丝量42万，全网播放量超1200万，在同业抖音号中综合排名靠前。

（根据抖音账号的运营过程，在热点内容选择上，选取大众关注度高的宏观政策、市场动态、热点民生事件做细致拆解，为用户讲清楚事件以及后续影响）

十四、华夏基金定投团：让基金经理长期陪伴客户

在投资者投资理念较为薄弱、欠缺长期投资习惯的背景下，华夏基金为帮助投资者养成定投习惯、树立为自己长期投入的投资理念，策划打造了基

金经理长期陪伴客户共同定投的"定投团"子品牌,并发起系列推广活动与投资者教育。

2022年5月,在市场低迷时刻,华夏基金举办了线上"25/爱我"定投节启动会和系列配套宣传,不仅获得投资者认可,在媒体端也引发多家媒体主动跟踪报道。其中5月25日华夏定投团项目发布会直播全网近40家媒体、互联网平台转播,总观看量超2000万;除在支付宝、天天基金等互金销售平台外,微博、知乎、抖音、小红书、咕咚等互联网内容平台也均引起投资者讨论,全网曝光超4.1亿。

定投团活动启动以来,华夏定投团坚持为投资者提供全流程的定投陪伴服务,助力投资者在震荡市中养成科学有效的投资习惯。一方面,十余位华夏基金的基金经理作为定投团的团长,真金白银开启实盘周定投,投资者可以一键跟投他们的定投计划,并及时获取"团长"的操作记录和变更。专业基金经理领衔定投提升了投资者的信任感,数据显示,自"华夏定投团"小

程序上线以来，累计使用人数超 200 万、访问超 2000 万次，近 4 万人在支付宝小程序内跟团。基于超高的人气和较好的成效，支付宝"华夏定投团"最高至金融类小程序分数榜第 1、活跃榜第 2，全站新星榜第 5 名，深受用户喜爱。

另一方面，基金经理们通过直播、视频、发帖等不同形式，分享最新市场观点、交易机会、投资心得、投教科普等内容，帮助投资者树立正确理念、保持稳定情绪，克服投资中的行为偏差。基金经理团长从 11 位增加到 15 位，定投基金产品也从最初的 12 只扩展到 25 只。

数据显示，定投团开启的这半年来，华夏定投团全网各平台累计直播超 300 场，其中团长直播场次超 100 场，累计观看人数超 4200 万；团长们累计发帖 408 篇，持续陪伴用户；累计发布了 23 个定投团视频，带来了各类有趣的定投知识。

此外，为了进一步提升定投团的粘性和趣味性，华夏定投团将每月的 25 日定为"定投团聚日"，坚持举办各类有趣的团队小活动，包括"秋日作诗大赛"、"寻找最美微笑"等等，累计浏览量超 103 万，参与人数超 64 万，反响热烈。

十五、《华夏基金之不辩不明》：让投资问题"越辩越明"

做投资人听得懂、记得住的投教才是"有效投教"。在日常的投资者教育工作中，华夏基金特别注重和投资者站在一起，深入了解投资者喜好，不断提升投教内容的创造力、亲和力和幽默感。通过投资人喜闻乐见的投教内容和丰富多彩的创意形式，让理财观念融入生活，让金融知识流行起来，让风险意识成为共识。

华夏基金独辟蹊径，将目光投向真人脱口秀，率先推出"不辩不明"系列青年理财态度短视频，话题广、语速快、情绪高、攻势猛，引发观众共鸣。通过"辩论"的形式对当前投资者普遍面临的财富焦虑问题进行探讨，如：理财、养老、996工作、隐形贫困、婚后的钱如何打理、"报复性"消费还是"报复性"理财等，达到"越辩越明"的效果。其间，通过巧妙地将理财投资知识点植入其中，潜移默化地传递给投资人。

节目共计八期，推出之初在腾讯视频、爱奇艺、B站、新浪微博等众多平台推出，其中腾讯视频每期观看量均超20万＋，全平台观看量超600万次，如996工作、隐形贫困等内容一度登顶腾讯视频该话题最热视频榜。节目内容受到广大投资人的喜爱和认可，被粉丝爱称为"下饭神剧"。

近年来，短视频平台兴起，抖音、小红书、B站逐渐成为初涉投资的年轻人的聚集地，也是投资者教育的重点平台。2020年5月22日，华夏基金首推《北上广深杭，各有一套房，你还要继续996工作么？》系列辩论视频，围绕这个热点话题，共设置正反6名辩手，并将6名辩手的辩论分别剪辑成6个1分钟内的短视频，第一天、第三天、第五天分别发布正反一辩、二辩、三辩的视频，既保证完整性与节奏忾，又设置了悬念。该辩题一经推出，便获得较大反响，在抖音平台单条视频最高点赞达20000、评论超2000条，一下子拉进了和投资者的距离，为后续短视频生态运营积累了较好的观众基础。

此外，节目还有一个特色，就是选手全部选自华夏基金多部门、不同岗位的优秀同事进行本色出演,从专业角度输出大量优质原创内容,同时让投资人更好地了解基金行业、更真切地感受到基金业从业人员的风采和责任。